羅門創作大系〈卷四〉

自我·時空·死亡詩

羅門◎著

文史哲出版社印行

國立中央圖書館出版品預行編目資料

題外詩 / 羅門著. -- 初版. -- 臺北市 : 文史哲, 民84
面 ; 公分. -- (羅門創作大系 ; 6)
ISBN 957-547-946-7(平裝)

851.486　　84002952

羅門創作大系 ④

自我・時空・死亡詩

著者：羅門
出版者：文史哲出版社
登記證字號：行政院新聞局局版臺業字五三三七號
發行人：彭正雄
發行所：文史哲出版社
印刷者：文史哲出版社
台北市羅斯福路一段七十二巷四號
郵撥〇五一二八八一二彭正雄帳戶
電話：三五一一〇二八

實價新台幣二二〇元

中華民國八十四年四月十四日初版

ISBN 957-547-944-0

誠以這系列中的十本書，做為禮物，獻給同我生活四十年、在創作中共同努力、給我幫助最大的妻子——女詩人蓉子。

每當我讀她的「一朵青蓮」與「維納麗沙組曲」等詩，那是我同其他詩人都無法只靠技巧與文字所能寫的詩——那是在人類高次元的情思世界中、以特有的內在生命機能與心靈纖維，所編織的具體可知、可感、可見的「雅典」「純摯」與「高潔」的情境，蘊含有宗教性的虔誠，在開放的內心感應磁場中，我的感動確實是超越常情與私情的；純粹是站在「詩」與「人」溶合的「天地線」上，所引起的；也不必在此故意隱瞞，因而，我這十本書，便不只是獻給我親愛的妻子——王蓉芷，也是獻給我敬愛的女詩人——蓉子。同時更是獻給所有愛護與關心我的讀者大眾，給我更多的批評與鼓勵，

羅　門

策畫者的話

◉林燿德

規畫這套書的目的，在於呈現羅門四十年來詩與藝術創造世界的完整藍圖。

從一九五四年在紀弦主編的《現代詩》上發表〈加力布露斯〉開始，羅門殫精竭力於建築自己龐碩的精神世界，發展獨樹一幟的「第三自然觀」，不僅以結構嚴謹、氣勢磅礴的詩作享譽於海內外，也在文學的哲學、藝術的批評乃至室內造型設計方面有長久的經營。

在四十年的光陰中，有些出版品早已絕版多時，為了集中展示羅門的精神原貌，提供現代詩研究者及愛好者參考品賞，《羅門創作大系》這種系列式的整編自有其必要。

卷一至卷六等六冊是按主題區分的詩集：卷七集中了關於〈麥堅利堡〉這首名作的迴響：卷八是記錄羅門思想的論文集：卷九是藝術評論集：卷十以匯集了燈屋的造型空間設計以及羅門與蓉子多年來的藝文生活影像。

一九九五年是羅門、蓉子結縭四十周年紀念，這套大系的編印在此時推出，也因而別具意義。

一九九五年三月十四日於臺北

羅門創作大系〈卷四〉

自我・時空・死亡詩 目次

附錄部份有關評論

總序：「我的詩觀與創作歷程」

壹、我的詩觀

一、詩在人類世界中的永恆價值

關於「詩」，這一被認爲是人類生命與心靈活動最靈敏、深微、極緻與登峰造極的思想力量；也是人類智慧的精華；甚至被認爲是藝術家、文學家、哲學家、科學家、政治家、宗教家乃至「神」與「上帝」的眼睛，那是因爲「詩」具有無限與高視力的靈見，能看到世界上最美、最精彩乃至永恆的東西。故曾有不少著名人物讚言過「詩」：

・孫星衍的《孔子集語集解》說：「詩，天地之心，君德之祖，百福之宗，萬物之戶也。」（太平御覽八百四引詩緯含神霧）。

・亞利斯多德說：「詩較歷史更有哲學性，更爲嚴肅……」「詩有助於人性的倫理化」（顏元叔教授譯的「西洋文學批評史」二二頁與三六頁）。

・法國詩人阿拉貢說：「詩，不是天國的標誌；詩就是天國。」（我個人早年的讀書筆記）

・杜斯妥也夫斯基說：「世界將由美來拯救」（張肇祺教授著的「美學與藝術哲學論」

集三一頁）。此處提到的「美」字，使我想到詩將生命與一切推上美的巔峰世界這一看法時，那不就是等於說「世界將由詩來拯救」。

・美前故總統肯迪也認爲詩使人類的靈魂淨化。

事實上，詩在昇華與超越的精神作業中，一直是與人類的良知、良能、人道、高度的智慧以及眞理與永恆的感覺連在一起的，故「有助於人性的倫理化」以及在無形與有形中，「將拯救這個世界」與人類；並使這個世界與人類，活在更美好的內容與品質之中。

誠然在這個世界上，若沒有詩，則一切的存在，都只是構成現實世界中的種種材料，譬如自然界中的山只是山，水只是水，都只是構成「自然界」種種材料性的物體；人的世界中，從事各種行業的人，都只是構成「現實生活世界」有不同表現與成就的各種個體，尚不能獲得其內在眞正完美與超越的生命。這也就是說，若沒有詩，一切存在便缺乏美好的境界；陶淵明筆下的「採菊東籬下」，便像普通人採菊東籬下一樣，只是止於現實中一個有限的存在現象，不會聯想到「悠然見南山」的那種超物與忘我的精神境界，而擁抱到那與整個大自然共源的生命，超越時空而存在；王維也不會在觀看「江流天地外」，正在出神時，進入「山色有無中」的那種入而與之俱化的境界，而擁抱無限。

可見詩是賦給人存在的一種最卓越的工具，幫助我們進入一切之內，去把握存在的完美性與無限性。因此，詩也是使一切進入其存在的「天國」之路，如果這個世界確有眞正的「天國」。我深信，當存在主義思想在二十世紀對生命的存在，有了新的覺醒與體認，對上帝的存在提出質疑，人類若仍堅持信上帝、神與天堂是人類生存所企望與嚮往的世界；是宇宙萬物生命的永恆與完美的象徵，尙可將一切導入永恆與完美的位置——「天堂」，則詩人超越的心靈工作的過程與完成，便正是使一切轉化與昇華到這一類同的世界裡來，還有誰較詩人更具有那種高超特殊的智慧與才能，能確實去執行那眞正存在於人類內心中的華美的「天堂」之工作呢？事實上，一個偉大的詩人，在人類的內心世界中，已被認明是一個造物主，它不但創造了「生命」，而且擴展與美化了生命存在與活動的無限境界，並創造了內心另一個華麗壯闊的精神「天堂」。同上帝的「天堂」相望。

的確，詩人在人類看不見的內心世界中創造了多項偉大不凡的工程：

1. 創造了「內心的活動之路」

詩人在創作的世界中，由「觀察」至「體認」至「感受」至「轉化」至「昇華」的這條心路，不但可獲得作品的生命，而且也可使萬物的存在獲得內在無限美好與豐富的生命。

譬如當詩人看到一隻棄置於河邊的鞋時，經由深入的「觀察」、「體認」與「感受」這條心路，而聯想到那是一隻船，一片落葉，便自然使鞋的存在立即「轉化」且「昇華」爲對內在生命活動的觀照與無限的感知——顯示出存在的流落感與失落感，進而揭發時空與生命之間被割離的悲劇性，而引起內心的驚視與追思，於是那隻沒有生命的「鞋」，便因而變成爲一個具有生命的存在了；又如，當詩人看到一隻廢棄在荒野上的馬車輪，由於他的靈視能超越一般人只能看到的材料世界（只是一隻破車輪），進而透過詩中的「觀察」、「體認」、

「感受」、「轉化」與「昇華」，這一「內心的活動之路」，便深一層看到那隻馬車輪，竟是轉動萬物的輪子，也是一條無限地展現在茫茫時空中的路——從它輪子上殘留下來的泥土看，可看到它通過無限空間所留下的痕跡與聲音，從它輪子上生銹的部份看，可看到與聽到它通過無限時間所留下的痕跡與聲音；當它此刻停放在無邊的荒野上，被詩人望成一種路，這種「路」，便絕非是現實世界中看到的具形與有長度的「路」，而是向內「轉化」與「昇華」爲萬物生命在時空裡無終止地逃奔與流浪的那種看不見起點與終點、也難指出方向的「路」——展示於靈視世界中的「路」，這種「路」，是吞納所有的鞋印輪印以及一切動向與涵蓋千蹤萬徑的「路」，引人類朝著茫茫的時空，走入了深深的「鄉愁」，因而觸及那含有悲劇性與震撼性的存在的思境，獲得那「轉化」與「昇華」過後的更爲深入與富足的存在境界。又如詩人T.S.艾略特面對黃昏的情景，聯想成「黃昏是一個注進痲醉劑躺在病床上的病人」，那便是將「黃昏」這一近乎抽象的時間視覺形態，置入深入「觀察」、「體認」與「感受」中，「轉化」與「昇華」爲具有神態與表情的生命體而存在了，使我們可想見到整個大自然的生命，在此刻已面臨沉落與昏迷之境，而產生無限的感懷；又譬如詩人在面對死亡，寫出了「你是一隻跌碎的錶，被時間永遠解雇了」，詩中「跌碎的錶」，它將去記錄那一種形態的時間呢？詩中的「被時間解雇了」的生命，它將到那裡去再找工作呢？它將是何種形態的生命？沿著內心的追問，我們便的確可聯想到那消失於茫茫時空中仍發出強大迴聲的悲劇性的生命了，因而覺知到「死亡」竟也是一個感人的強大的生命體，這與詩人里爾克筆下

『死亡是生命的成熟』，是一樣耐人尋味了。

又譬如當現代詩人寫下「群山隱入蒼茫」，或寫下「凝望較煙雲遠」，其詩句中的「蒼茫」與「凝望」，原屬爲沒有生命的抽象觀念名詞，但這個名詞，在詩中經過詩人藝術心靈的轉化作用，便不但獲得其可以用心來看的生命形體，而且也獲得其超物的更可觀的存在了。

從以上所列舉的詩，可見萬物一進入詩人創造的「內心活動之路」——由「觀察」至「體認」至「感受」至「轉化」至「昇華」，則那一切便無論是否有生命（乃至是觀念名詞）都一概可獲得完美豐富甚至永恆存在的生命。因而也可見詩人的確是人類內在生命世界的另一個造物主。

2. 詩人創造了「存在的第三自然」

首先，我們知道所謂「第一自然」，便是指接近田園山水型的生存環境；當科學家發明了電力與蒸氣機等高科技的物質文明，開拓了都市型的生活環境，自然界太陽自窗外落下，電氣的太陽便自窗內昇起，再加上「人爲」的日漸複雜的現實社會，使我們便清楚地體認到另一存在的層面與樣相——它便是異於「第一自然」，而屬於人爲的「第二自然」的存在世界了。

很明顯的，第一自然與第二自然的存在世界，雖是人類生存不能逃離的兩大「現實性」的主要空間，但對於一個探索與開拓人類內在豐富完美生命境界的詩人與藝術家來說，它卻又只是一切生命存在的起點。所以當詩人王維寫出「江流天地外，山色有無中」、艾略特寫出「荒原」，我們便清楚地看到人類活動於第一與第二自然存在世界中，得不到滿足的心靈，是如何地追隨著詩與藝術的力量，躍進內心那無限地展現的「第三自然」而擁抱更為龐大與豐富完美的生命。詩人王維在創作時是使內心與「第一自然」於和諧中，一同超越與昇華進入物我兩忘的化境，使有限的自我生命匯入大自然龐大的生命結構中，獲得無限；詩人艾略特在創作時，是與第一或第二自然於衝突的悲劇感中，使「生命」超越那存在的痛苦的阻力，而獲得那受阻過後的無限舒展，內心終於產生一種近乎宗教性的執著與狂熱的嚮往——這種卓越的表現，它不就是上帝對萬物存在於完美中，最終的企盼與祈求嗎？的確，當詩人的心靈活動，一進入以美為主體的「第三自然」，便可能是與「上帝」華美的天國為鄰了；同時我深信，只有當人類的心靈確實進入這個以「美」為主體的「第三自然」，方可能擁抱生命存在的深遠遼闊與無限超越的境界；方可能步入內在世界最後的階程，徹底了解到「自由」、「眞理」、「完美」、「永恆」與「大同」的眞義，並認明「人」與「自然」與「神」與「上帝」終歸是存在於同一個完美且永恆的生命結構之中，而慧悟湯恩比心目中的「進入宇宙之中、之後、之外的永久的眞實的存在」之境，便也正是無限高超的輝煌的詩境。

當我們確認詩人創造了「存在的第三自然」，事實上也就是說，沒有「第三自然」，詩人便也沒有工作之地了，因為「第三自然」是確實品管著詩人語言媒體中的「名詞」、「動詞」與「形容詞」是否能達成詩的要求，進入詩的世界。

譬如「窗」、「落葉」、「天地線」等停留在說明中的名詞，經聯想轉化使「窗」成為是「飛在風景中的鳥」；「落葉」成爲是「風的椅子」；「天地線」成爲是「宇宙最後的一根弦」，方能出現詩。而此刻取代「窗」「落葉」「天地線」而更生的「鳥」、「椅子」、與「弦」，便只能在「第三自然」中出現，被詩眼看見，在「第一自然」與人爲的「第二自然」是不會出現的。同樣的，柳宗元將本應是獨釣寒江魚的「魚」這一名詞，在詩中轉化爲「雪」，寫成「獨釣寒江雪」，則這句詩便非寫給魚老板看，而是給哲學家看，因爲他釣的是整個大自然孤寂荒寒的感覺。當然「雪」這個名詞，既不是「第一自然」山上的雪，也非「第二自然」冰箱裡的雪，便又只能在「第三自然」中出現，被詩眼看見，收留在詩中。

又譬如在視覺世界中我們用「看」這個動詞。當飛機飛在雲上的三萬呎高空，宇宙間神秘無比廣闊無限的景觀與畫面，若只平面用「看」是「看」不出來的，即使進一步用「讀」這一使眼睛有思想與立體視感的動詞，取代「看」，也「讀」不出來，只有以「跪下來看」，方能充份表現出內心對浩瀚宇宙所流露的那種無限虔敬與膜拜的感動之情，讓「跪下來看」的「看」這一動詞，進入**N**度空間便「動」出那有表情與神態的無限感人的「動」境。而當「看」改成「跪下來看」，也只能在「第三自然」方會出現，被詩眼當做詩的「動詞」收留下來。同樣的，在聽覺世界中，詩人張說寫「高枕聽江聲」用「聽」這個動詞，被大詩人杜甫換上一個也含有聽覺的「遠」字這一動詞寫成「高枕遠江聲」，便造成何等不同的聽覺世界，張說寫的仍停留在散文平面說明的聽感世界——就是睡在枕頭上聽江水流動的聲音；而杜甫以「遠」字取代「聽」「聽」的世界不但隱藏著江水流動的遠近距離感而且尚有景物移動變化的情景以及人陷入往事不堪回頭與茫茫時空中的悵惘之感；如此，聽覺的世界，豈不呈現出立體乃至N度更豐富與開闊的空間。當然這個「遠」字取代「聽」字的聽覺也正是存在於「第三自然」之中，被詩眼看見收留下來的。

再下來如「形容詞」，古詩人寫「白鳥悠悠下」，用「悠悠」這個形容詞，眞是把美的白鳥，不但在飛中送進最幽美且鳴動著音韻的軌道，而且整個過程也美，白鳥也因「悠悠」的形容詞便更美得不可思議了，而這也都是在「第三自然」中被詩眼掃描進來的。如果寫「白鳥飄飄下」，用「飄飄」這一形容的動態，則不但飛的形態散漫不美，並將本來美的白鳥，反而變醜了。當然被詩眼監視的「第三自然」，是不會讓「飄飄下」這樣平庸不美的「形容詞」裝設在白鳥翅膀飛進來的。

的確「第三自然」已被視爲是無所不在的「詩眼」，一方面幫助人類在無限超越的內在世界中，進入美與永恆的探索；一方面監視與品管著詩人手中使用的名詞、動詞與形容詞三個重要的創作媒體與符號。同時「第三自然」所建構的無限廣闊與深遠的心象世界，更是所有詩人乃至所有藝術家永久的故鄉與「上班」的地方。

3. 詩人創造了一門生命與心靈的大學問

譬如科學家面對「海」的存在，是在研究海存在的物理性——海的水質、鹽份、海的深廣度、海的產物、海的四季變化等。而詩人則多是坐在海邊觀海，把海看到自己的生命裡來，把自己的生命，看到海裡去；看到海天間的水平線，便發覺那是「宇宙最後的一根弦」；看到海上一朵雲在飄，便聯想「雲帶著海散步」，悠哉遊哉，畫面便也跟著顯映出王維與老莊來；凝望著海圓寂的額頭，便會聯想到哲人愛因斯坦與羅素等人的額頭；將藍藍的海，看成宇宙的獨目，又倒轉來看人類的眼睛，最多望了百餘年，都要閉上，而海的眼睛，卻望了千萬年仍在望——望著人類的鄉愁、時空的鄉愁、宇宙的鄉愁、上帝的鄉愁；更神妙的，是浮在海上的那條天地線，幾千年來，一直不停的牽著日月進進出出，從未停過；而海也一直握著浪刀，一路雕過來，把山越雕越高，一路雕過去，把水平線越雕越細，此時，難怪王維要把「山色有無中」的境界在詩中說了出來。由此可見詩的確是探索與創造那埋在事物與生命深處的一門奧秘的「美」的學問。

從詩人在上面所提供的多項重大創造中，我們可看出詩的確是使人類與宇宙萬物的存在，獲得一種無限的延伸，一種有機的超越，一種屬於「前進中的永恆」的存在；同時也說明詩人終歸是在「上帝」的眼睛中爲完美與豐富的一切工作的，尤其是當諾貝爾文學獎得主海明威喊出了這是迷失的一代；現代史學家湯恩比認爲人類已面臨精神文明的冬季，則詩人的存在，便更是人類荒蕪與陰暗的內在世界的一位重要的救主了；並絕對地形成人類精神文明的一股最佳且永遠的昇力，將人從物化的世界中救出來，尤其是在廿世紀後現代掀起解構與多元化的理念，導致泛方向感與泛價值觀所形成失控與散落的生存亂象，也更有賴詩在超越與昇華中的開放的視野與統化力，穿越各種變化的時空環境資訊與符號，於「無形中」提供一開放的新的一元性，來協和「心」「物」進入一個新的美的中心，再度在詩所創造的人類內心的「第三自然」世界②呈現人本與人文精神新的形而上性，使世紀末「存在與變化」的飄忽不定的生存現象面的內層，仍潛伏著一種穩定的有方向感的「前進中的永恆」的思想動力，維護人類繼續對生存有信望有意義有理想目標與有內心境界的優質化生命觀。

在廿世紀，我們雖難阻止科技的威勢繼續不斷的向未來不可知的物理世界開展，並具威脅性地佔領人類的人文與心理空間，但機器仍是由人主控的。人不能失去內心空間，屈服於科學的「帝國主義」；沒有詩與藝術，科學會變得粗卑與野蠻。人文思想如果被科技文明擊敗，則人在玩電腦，便也反過來被電腦玩。那時候，人追索的是「機器的兔子」，而非人的生命；人被迫逃離人內在生命的原鄉，這一波鄉愁較都市日光燈望著由田園菜油燈所產生的鄉愁更爲激烈，是故，人不能不醒覺的讓溫潤的詩心與人文思想進駐入機器冷漠的心裡去；也就是在科技創造外在的「玻璃大廈」的同時，更以詩與藝術的心靈，建造起內在世界更爲豪華與輝煌的「水晶大廈」，這樣，既可避免人類成爲追索物質文明的動物與野獸，又可使人類活在有外在花園也有內在花園的理想世界中。

寫到這我想採取較捷便與快速的途徑，在最後重點地摘錄部份我過去寫的「詩話」，來凸現出「詩」在過去、現在與未來，在人類生命存在以及思想與智慧活動的世界中，永遠具有卓越無比的價值。

·作官與做生意的，往往只能使我們在陶淵明的「東籬下」，採到更多的「菊花」，但看不見「東籬外」更無限的「南山」；而詩能夠。

· 詩能將人類從「機械文明」與「極權專制」兩個鐵籠中解救出來，重新回歸大自然原本的生命結構，重新溫習「風」與鳥的自由。

· 詩能將人類與一切，提昇到「美」的顚峰世界。①

· 詩能以最快的速度與最短的距離，進入生命存在的眞位與核心，而接近完美與永恆。

· 詩創造的美的心靈，如果死亡，太陽與皇冠也只好拿來紮花圈了；在我看來，詩已成爲一切完美事物的鏡子，並成爲那絕對與高超的力量，幫助我們回到純粹生命的領地。

· 詩與藝術能幫助人類將「科學」與「現實世界」所證實的非全面性的眞理，於超越的精神作業中，臻至生命存在的全面性的「眞理」。

· 詩在超越與昇華的美中，可使時間變成美的時間，使空間變成美的空間，使生命變成美的生命，使各種學問思想（包括科學、哲學、政治、文學與藝術）在最後都變成美的學問思想。

· 如果說在人類的生存空間內，優良的政治是硬體設備，則詩與藝術便是美好的軟體設備，更值得珍視。

· 古今中外，所有偉大的文學家與藝術家，他們雖不一定都寫詩，但他們不能沒有卓見的「詩眼」，否則在創作中便不可能看到精彩的東西，也不可能卓越與偉大，其實，他們都是不寫詩的詩人。

· 詩是人類精神世界的原子能、核能與微粒子。

- 詩在無限超越的N度空間裡追蹤「美」，可拿到「上帝」的通行證與信用卡。
- 詩是打開智慧世界金庫的一把金鑰匙，「上帝」住的地方也用得上。
- 詩與藝術創造人類內心的美感空間，是建造天堂最好的地段。
- 如果神與上帝眞的有一天請長假或退休了，那麼在人類可感知的心靈之天堂裡，除了詩人與藝術家，誰適宜來看管這塊美麗可愛的地方呢？
- 如果世界上確有上帝的存在，則你要到祂那裡去，除了順胸前劃十字架的路上走；最好是從悲多芬的聽道，米開蘭基羅的視道，以及杜甫、李白與里爾克的心道走去，這樣上帝會更高興，因爲你一路替祂帶來實在好聽好看的風景。
- 詩與藝術不但是人類內在生命最華美的人行道，就是神與上帝禮拜天來看我們，祂也是從讚美詩與聖樂裡走來的。
- 將詩與藝術從人類的生命裡放逐出去，那便等於將花朵殺害，然後來尋找春天的定義。
- 太空船可把我們的產房、臥房、廚房、賬房與焚屍爐搬到月球去，而人類內在最華美的世界，仍須要詩與藝術來搬運。
- 世界上最美的人群社會與國家，最後仍是由詩與藝術而非由機器造的。
- 沒有詩與藝術，人類的內在世界，雖不致於瘂盲，也會丟掉最美的看見與聽見。
- 如果詩死了，美的焦點，時空的核心，生命的座標到那裡去找？
- 「詩」是神之目，「上帝」的筆名。

從上述的這些「詩話」中，我相信不但可看見「詩」在人類生存世界中所凸現的可觀價值，甚至可呼吸到詩在我們人類生命中無比的重要性，離開詩，便事實上等於是離開了那具有豐富、美好內容的「人」與世界。同時也可看出我執著地寫了四十年的詩，仍要堅持下去，是有充份的理由的——寫詩這件具有宗教性的嚴肅的心靈作業，對我已不只是存在於第一層面的「興趣」問題，也不只是玩弄文字遊戲；而是對存在深層價值與意義的追認，令使我以生命來全面的投入與專注的問題。誠然，詩已成為我企圖透過封閉的肉體存在，向內打開且建立起那無限透明的生命建築。人的生命，在我看來已是一首活的詩：人從搖籃到墳墓的整個過程，是詩的過程；人整個存在與活動的空間，是詩的活動空間；人整個活動的形態，也是詩的活動形態。的確詩能確切地透視與監控著一切在「美」中存在。

二、詩的創作世界

(一)詩創作世界的基本認定

我認爲詩不同於其他文學類型的創作，是在於：

1. 詩的語言必須是詩的，具有象徵的暗示性；具有言外之意，弦外之音。

2. 詩絕非是第一層次現實的複寫，而是將之透過聯想力，導入潛在的經驗世界，予以觀照、交感與轉化爲內心中第二層次的現實，使其獲得更爲富足的內涵，而存在於更爲龐大且永恆的生命結構與形態之中；使外在有限的表象世界，變爲內在無限的心象世界。這也正是符合我內心的「第三自然螺旋型架構」的精神運作的基型——也就是將現實的「第一自然（田園）」與「第二自然（都市）」的兩大生存空間，經由心的交感轉化昇華，變為內涵更富足與無限的「第三自然」的景觀，詩方可能獲得理想與無限的活動空間。同時詩是藝術創作，必須具備下文所論談的高度的藝術性。

(二)詩多向性（NDB）①的創作視點

我主張多向性（NDB）的詩觀是因為詩人與藝術家是在「自由遼闊的天空」而不是在「鳥籠」內工作的。因為他拿有「上帝」的通行證與信用卡。故不宜標上任何「主義」兩字的標籤。同時任何階段的現實生存環境，以及創作上出現過的任何「主義」乃至古、今、中、外等時空範疇，乃至「現代」之後的「後現代」的「後現代」……等不斷呈現的「新」的「現代」，對於一個具有涵蓋力的詩人，都只是不斷納入詩人超越的自由創作心靈溶化爐中的各種全面開放的「景象」與「材料」，有待詩人以機動與自由開放的「心靈」，來將之創造與呈現出新的藝術生命。所以詩的創作不能預設框限，不能不採取開放的多向性視點。

1. 表現技巧的多向性：

(1)可用由外在實像直接呈現法（以景觀境）。

(2)可用自外在實像作形而上的表現法（以景引發心境）。

(3)可將內心眞實的感知，透過經驗中的實象，予以超越性的表現（透過抽象過程，再現新的眞象世界）。

(4)可自由運用「比」、「象徵」、「超現實」以及新寫實、白描、投射、極簡等技法，乃至電影、繪畫、雕塑等其他藝術技巧，以加強詩的表現效果。

2.內涵世界表現的多向性：

(1)可表現事物在時空中活動的種種美感狀態（其中有人介入；也可無人介入，只是純粹的物態美）。

(2)可表現人在時空中活動的種種美感情境，這方面應偏重。因爲它是對「人」的追蹤。這項追蹤，可在現實的場景，也可在超越現實的內心場景；可採取「大知閑閑」與「小知閒閒」的追法；可追入記憶中的故土；可追入戰爭中的苦難；可追入都市文明；可追入腰帶以上、腰帶以下；可追回大自然………甚至可把眼睛閉上，讓內心漂泊在沒有地址的時空之流上，緊追著那個從現實中超越而潛向生命深處的「原本」的人………。的確，凡是能引起我們內心感知的生命都去追，不必只限定在某一個方位上去追；可把內心擴大到目視與靈視看見有人與生命的地方都去追；甚至那躲在米羅、克利線條與悲多芬音樂中的看不見的「生命」，也不放過去追。這樣才能徹底與全面性地達到詩與藝術永遠的企意：詩人與藝術家應切實的到上帝遼闊的眼睛中，去展開多方面追蹤「人」與生命的工作。基於這一多向性的觀點，我曾經：一透過戰爭的苦難——在「麥堅利堡」、「板門店38度線」、「火車牌手錶的幻影」、「茶意」、「TRON的斷腿」、「時空奏鳴曲」、「歲月的琴聲」……「月思」、「

長城上的移動鏡」、「回到原來叫一聲你」、「遙望故鄉」、「炮彈·子彈·主阿門」與「世界性的政治遊戲」……等詩中，追蹤人的生命。

二、透過都市文明與性——在「都市之死」、「都市的落幕式」、「都市的旋律」、「迷妳裙」、「咖啡廳」、「瘦美人」、「都市你要到那裡去」、「方形的存在」、「摩卡的世界」、「車禍」、「提007的年輕人」、「傘」、「玻璃大廈的異化」、「眼睛的收容所」……等詩中追蹤人的生命。

三、透過對死亡與時空的默想——在「死亡之塔」、「第九日的底流」、「流浪人」、「鞋」、「睡著的白髮老者」、「車上」、「看時間一個人在跑」、「誰能買下那條天地線」、「回首」、「出走」等詩中，追蹤人的生命。

四、透過對自我存在的默想——在「窗」、「逃」、「螺旋型之戀」、「天空三境」、「傘」、「存在空間系列」、「有一條永遠的路」、「光住的地方」……等詩中，追蹤人的生命。

五、透過大自然的觀照——在「山」、「河」、「海」、「雲」、「樹與鳥」、「野馬」、「觀海」、「曠野」、「溪頭遊」、「海邊遊」、「晨起」、「飛在雲上三萬呎高空」、「一個美麗的形而上」、「大峽谷奏鳴曲」與「過三峽」……等詩中，追蹤人的生命。

六、此外透過其他的生存情境——在「光穿黑色的睡衣」、「美的V型」、「鑽石的冬日」、「悼佛洛斯特」、「都市的五角亭」、「重見夏威夷」、「餐廳」、「教堂」、「女性快鏡拍攝系列」、「手術刀下的連體嬰」、「海誓山盟」、「漂水花」、「完美是一種豪華的寂寞」、「悲劇的三原色」、「文化空間系列」、「詩的歲月」、「給藝術大師——米羅」以及「給青鳥」等詩中，追蹤著「人」的生命。

的確，從我第一首詩「加力布露斯」開始，三十年來，我是一直在現實或超越現實的內心世界中，透過詩以目視與靈視探望與追蹤著「人」的生命。並且一再強調的說：「凡是離開人的一切，它若不是死亡，便是尚未誕生」。而詩與藝術是創造「生命」的一門學問，凡是遠離「生命」的詩，只依靠知識化與腦思維機件所製作的任何藝術與詩的場景，都難免產生隔層、冷感與不夠眞摯；因爲呈裸在陽光下的綠野，同經設計拍攝出現在電燈光下的銀幕上的畫面式綠野是不同的。這也就是說，在詩的創作中，直接以「生命」進入與以腦製作成知識化的「生命」進入，是不同的。而我特別重視前者，因爲詩人必須將他的生命，送進時鐘的磨坊，去收聽生命眞實的回音，去永遠同人與生命對話，來從事詩的創作。否則，詩與藝術將失去最後的最主要的存在意義：甚至形成有沒有詩都無所謂的念頭。很多詩人都是因此停筆的。

㈢詩語言新性能的探索

1. 由於人類不斷生存在發展的過程中，感官與心感的活動，不能不順著這一秒的「現代感」，往下一秒的「現代感」移動，而有新的變化。這便自然地調度詩語言的「感應性能」到其適當的工作位置，呈現新態。否則，便難免產生陳舊感與疏離感。這可證之於年代越靠近三十年代的詩的語言，其疏離感之比例數便越大。

2. 詩人能切實把握詩語言新的性能與現代感，即是抓住詩語言「入場券」、靠近「現代人生存場景」的最前排優先的位置，較具有「貼近感」。在此舉個例子：

·「用咖啡匙調出生命的深度」

·「要知道下午　去問咖啡」

·「咖啡把你沖入最寂寞的下午」

顯然的，第一句是相當深刻，但其語言的形態與活動的空間，放在現代越來越偏向「行動化」的急速度生活環境中，似乎是不夠新與不太適切了，那像是六十年代詩語言的貨色；第二句是抓住現代人生存於焦急的行動性以及「問」與「答」的實態，迫近生活自然呈現的實況，語言的呼吸、氣息與節奏，也化入現代人生命活動的脈動與意態之中；第三句，則更直接地向現代生活的「核點」投射，尤其是動詞就採用沖咖啡的「沖」字，既可使語言的動感與動速同現代人生命與機械文明活動的外在環境之動感與動速相一致，又可同古詩「黃河之水天上來」緣發與直感性的詩貌相應對：一是表現古詩人對大自然的直觀情況；一是創造這代人新的生存意境。從上述的三句詩中，可看出詩的語言是一直在追索它的現代感、它新的機能，以便有效地表現一切存在（包括大自然與都市）的新貌；否則停滯在陳舊的狀態中，失去較佳的吸力，是可見的。

(四) 詩語言活動空間的擴展與建構

當現代詩人從古詩人偏向一元性自然觀的直悟境界，進入現代偏向二元性與多元性的生存世界；從寧靜、和諧、單純的田園性生活形態，進入動亂緊張、複雜、焦急的都市型生存狀況，接受西方現代科技文明的衝激，以及物質繁榮的生活景觀之襲擊，所引發人類官能、情緒、心態與精神意識的活動，都是以大幅度、大容量與多向性在進行，古詩的形態與「境界模式」，是否能擔任得了現代人龐雜的生存場景與心像活動的新型「舞台」呢？所以我覺得可考慮採取其他藝術的性能來擴展與構架現代詩語言活動的新空間環境——譬如我十四年前便已採用後現代解構觀念在「曠野」詩中，曾企圖使用立體派多層面的組合觀點以及採取半抽象、抽象與超現實的技巧，與「電影中有電影」（就在詩中溶入一首可獨立又可息息相關的詩）多元表現的手法，使詩境內部在施以藝術性的設造過程中，獲得較具大規模與立體感的結構形態，有如大都市建築，所呈現層疊聳立的造型美與展示出多層面的景觀。這樣做，當然是一種偏向於藝術性的構想——試圖把詩的「體態」，進一步當做藝術的「體態」來營造。看來顯已有目前出現的後現代創作的解構形態，再就是在一九九二年寫的二百多行長詩「大峽谷奏鳴曲」更是一首採取多元組合的立體空間架構觀念，企圖跨時空跨國界跨文化與藝術流派框限，以世界觀與後現代解構觀念所寫成的詩。

的確，一個現代詩人能不斷注意與探索詩語言新的性能與其活動新的空間環境，他便是不斷的持有創造性的意念，這一意念，將使所有停留在舊語態中工作的「比」、「象徵」與「超現實」等技巧，必須有所改變與呈示新的工作能力。譬如你在海灘上看到男女穿著泳衣在陽光與海浪中相擁抱，寫出「只有這種抱摟，才能進入火的三圍」。這句詩，在表面上看，是用「比」，其實是溶入了「象徵」與「超現實」的質素而表現的，使詩語言更具行動化且快速地擊中現代人心感世界的著火點。相形之下，五十年代六十年代所用的語言技巧，在此刻看來，都難免吸力與動速不太夠了。因此我認爲做爲一個現代詩人，應有銳敏的「現代感」，去發覺詩語言所面臨的新環境及在創作上所發生的一切可能性，以便運用最確切的語言媒體與方法，展現出具有新創性的世界來。同時我認爲詩人與藝術家面對傳統所採取的態度，絕對的決定了他創作的生命：凡是躲在「傳統」裡不出來的或逃避現代生活現場的詩人，他絕領不到具前衛性的「創作卡」。現代詩人接受傳統是基於本質而非形態的。他最關心的是專一的站在此刻的「我」的位置，去面對整個世界與人類的生命，發出一己具「獨特性」與「驚異性」的聲音，而與永恆的世界有所呼應。他在詩中，不放「長安」與「長衫馬掛」等字眼，照樣可把古詩傳統的質素吸收進去。譬如當我們讀了「江流天地外，山色有無中」、「黃河之水天上來」，與讀了現代詩「你隨天空闊過去，帶遙遠入寧靜」、「咖啡把你沖入最寂寞的下午」，是否發覺它們之間也有某些相同的質素？甚至進一步看出現代詩人站在自己生存的新時空中，穿越「傳統」與「現代」，進入此刻全主動性的「我」的發言「位置」——也就是進入新創性的語言環境，使現代詩不但呈現出異於古詩人的心境，而且也呈現出詩語言同存在與變化的時空相互動所產生的新的形態與秩序感。誠然，一個具有創造力的現代詩人與藝術家應該是有魄力與勇於將「古、今、中、外」溶解入自己這一瞬間的絕對的「我」

之中，去重新主宰著一切的存在與活動，以新的形態出現，並使之同永恆的感覺發生關聯。完美與卓越的事物，最後總是開放給全人類共享的，也絕限制不了它的範圍。因此詩人與藝術家的創作理念，不能不持世界觀。

三、要成為一個真正乃至偉大的詩人

1.他除了有不凡的才華與智慧，以及對藝術盡責外，也應該是一個具有是非感、良知、良能與人道精神的人；如果做爲一個詩人，沒有正義感、鄉愿、顚倒是非。做人都有問題，還做什麼偉大的詩人。

2.他最了解自由，對世界懷有全然開放的心境，擁有遼闊的視野，守望著一切進入理想的世界，他除了關心人的苦難；更廣泛的工作，是在解決人類精神與內心的貧窮，賦給生命與一切事物，以豐富與完美的內容。

3.他不同於賣藝者與雜耍者，是因爲他向詩投資的，是藝術與生命雙方面的。也就是他必須寫出有偉大思想的詩，也同時寫出有詩的藝術思想的詩。前者是詩中具有確實感人的偉大思想；後者是詩中具有確實傑出非凡的藝術表現理念與思考力。若只有前者，將對藝術本身的生命有傷害；若只有後者，將便使詩變成一種高級耍巧的行爲，失去「生命」內涵力的淵博感與偉大感，詩便難免浮面化，甚至淪爲文字的賣藝者，同其他行業的賣藝者，沒有兩樣，而忘掉詩人是往心靈與生命深層世界去工作的藝術家。

4.他必須具有對詩始終執著與嚮往的宗教情懷，不能被勢利的現實擊敗，若被擊敗，詩心已死，詩人都做不成，還談什麼偉大的詩人。

【附　註】

①我所說的「美」，不只是快樂與好看悅目的一切。在詩與藝術的創作中，就是痛苦、寂寞、虛無、絕望、死亡、與悲劇的人生，也潛藏有美感。像詩人波特來爾表現「地獄」陰暗的悽「美」之光，詩人里爾克說「死亡是生命的成熟」，都含有「美」的存在。可見深一層的美，往往是靠深入的心去沉思默想的。

②關於此處提到「第三自然」與「後現代」「世紀末」的相關互動話題，可參照我系列論文集中較詳的論談部份。

③（NDB-NONE DIRECTION BEACON）是我在美國航空中心研習期間，看見的一種導航儀器，叫做「多向歸航台（NDB）」，飛機可在看得見、看不見的狀況下，從各種方向，準確地飛向機場。這情形，頗似詩人與藝術家以廣體的心靈與各種媒體以及高度的技術，將世界從各種方向，導入存在的眞位與核心，這便無形中形成我創作上「多向性」的詩觀。

貳、創作歷程

如果說寫詩，我在中學時代（空軍幼年學校六年制，等於高中），十六歲時，已開始在學校的壁報與校刊上發表過詩作。但那只是由於愛好貝多芬與莫札特充滿了力與美的古典音樂以及也讀一些古詩與翻譯過來的詩，加上我當時又做飛行員的夢……這些都無形中激發我內心對生命產生熱愛與美的顫動力，而自然潛伏著對詩與藝術的喜愛與嚮往。但我並沒有想會做什麼詩人，因爲我的未來是飛行。

至於我開始步上詩創作的路，那是在我進入空軍飛行官校，代表空軍打足球傷腿，離開空軍到民航局工作，於民國四十三年認識早已聞名詩壇的女詩人蓉子，在她詩情與愛情的雙重激勵下，才開始認眞的寫起詩來的。

我的第一首詩「加力布露斯」，於民國四十三年被紀弦先生以紅字發表於「現代詩」季刊封底，確引起詩壇的注目，曾有些詩友戲言：「羅門你第一炮就紅了」。後來連續在覃子豪先生主編的「藍星」詩刊上發表不少長短詩，接著在民國四十四年四月十四日星期四下午四時，與女詩人蓉子在禮拜堂結婚，覃子豪先生特在公論報副刊的「藍星詩週刊」上，以整版刊登他本人以及名詩人鍾鼎文、彭邦楨、李莎、謝菁等人的賀詩，並在婚禮上由詩人紀弦、彭邦楨與上官予等分別朗誦，紀弦先生並特別朗誦我的「加力布露斯」，確爲婚禮帶來不少詩的光彩。覃子豪先生更在婚禮專刊上，讚譽我們為中國詩壇的勃朗寧夫婦，成為佳話。直到現在。

這些慰藉與鼓勵在當時，加上蓉子婚後的溫情與彼此的互勉，我便在詩神的安排下，以無比的狂熱與浪漫的激情，不停的創作，並成為藍星詩社的仝人，以及後來主編藍星詩刊、年刊，與自民國六十五年（一九七六）起，擔任藍星詩社社長，直至目前。

回憶四十三年（一九五四）我以第一首詩「加力布露斯」，步上詩壇。當時在詩中對生命、友情、愛情與理想的追求，寫著『加力布露斯！你的聲音就在風中嗎？你的視線是否在陽光裡……如果你回來時，我已雙目閉上，那時心會永遠死去，黑夜會在白晝裡延長，海洋也會久久的沈默，你知道歲月之翼，不能長久帶引我，在生命的冷冬，我會跌倒於無助之中……』以及在「啊！過去」詩中，對時間的感懷：『……你！過去，我心底往日的遊地……。在不同的追路上，昨日是你，明天是我，唯有時間的重量，才能把我推倒後，帶交給你，而那時，我是陷在長久無夢的沈睡之中，心是一無所感了……』；在「寂寞之光」詩中所流露的戀情：『……在無光的冬夜，我這裡通明溫馨，刻刻等你，我已熟悉你來時踏響我心的樓梯之音，如造訪的馬車的蹄聲，擊亮我深居的幽靜的庭園……』；在「海鎮之戀」詩中所表現的童時的憶念：『那海鎮，如南方巨人藍色寬邊帽上的一顆明亮的寶石，我童時的指尖，曾捕捉它的光輝……』……等這許多三十多年前想像力頗為任放與感性頗具沖激性的語言，都可說是道道地地的偏於浪漫詩的抒情傾向；在當時，雖也偶爾寫出一些相當單純與清晰的意象詩，如「小提琴的四根弦」詩中，對人生歷程的刻劃所寫的：『童時，你的眼睛像蔚藍的天空；長大後，你的眼睛像一座花園；到了中年，你的眼睛像海洋多風浪；晚年來時，你的眼睛成了寂寞的家。』……。然而在整體上看來，那時期我詩的語言，很明顯的，是處在浪漫詩的階程。或許「加」詩中的「你的聲音就在風中嗎？你的視線是否在陽光裡」已多少含有超現實的意味與感覺。直至四十七年（一九五八），「曙光」詩集出版的那一年內，連獲藍星詩獎與中國詩聯會獎等兩項獎後，才算是結束了我浪漫時期的作品。

四十九年（一九六〇），完成了長達一百多行的「第九日的底流」，詩中對生命與時空所激發出的回音：『……常常驚異於走廊的拐角，如燈的風貌向夜，你鎭定我的視度……當綠色自樹頂跌碎，春天是一輛失速的滑車……當晚霞的流光，流不回午前的東方，我的眼睛便昏暗在最後的橫木上，聽車音走近，車音去遠……』。這些語言，顯已把「曙光」時期浪漫情思外射的紅色火焰，向內收斂，而冷凝與轉化成為穩定與較深沉的藍色火焰。從此也開始走進抽象與象徵乃至含有超現實感覺等表現的路途上來了，當然，在另一方面，由於個人情思世界，隨著歲月而深廣，語言所經營的精神深廣度，便也不能不加強。尤其是當現代詩與現代繪畫，都正熱中於透過抽象過程，去深一層觸及內心的眞實。所以緊接著這首長詩之後，我五十年（一九六一）到菲律賓去訪問，寫了一首「麥堅利堡」，表現第二次世界大戰，死在太平洋中的七萬美軍的悲慘情景，因思想性的加強，語言的功能與活動的趨勢，便也加強。於是一種偏向於現代藝術表現主義的技巧，便自然的潛進「麥」詩中來。如詩中的『戰爭！坐在這裡哭誰，它的笑聲，曾使七萬個靈魂陷落在比睡眠還深的地帶；……太陽已冷，星月已冷，太平洋的浪，被炮火煮開也冷了……，血已把偉大的紀念沖洗了出來……，你們是不來也不去了……太平洋陰森的海底，是沒有門的……』。這首詩後來被國際UPLI詩組織譽爲近代的偉大之作，頒獲菲總統金牌，確對我創作帶來一些激勵作用，使我也大膽地將詩推入更深廣的精神層面。

此後，在「都市之死」一百多行的長詩中，對現代都市文明進行透視所做的批判：『人們用紙幣選購歲月的容貌……，在這裡腳步是不載運靈魂的……凡是眼睛都成爲藍空裡的鷹目……，人們在重疊的底片上，再也認不出自己……，沉船日，只有床與餐具是唯一飄在海上的浮木……，一具雕花的棺，裝滿了走動的死亡……』與在「死亡之塔」將近三百行的長詩中，對生命與死亡所發出的感慨：『你是一隻跌碎的錶，被時間永遠解雇了……，用右腳救起左腳，總有一隻腳，最後成爲碑，成爲曠野的標記……，當封在彈疤裡的久遠戰場，被斷臂人的尼龍衣裹住，我們即使是子彈，也認不出傷口……，當棺木鐵槌與長釘，擠入一個凄然的音響，天國朝下，一條斷繩在絕崖上……，鋸木聲叫著鳥，火焰叫著煙流，煙流叫醒域外，在域外，連歸雲都睡著了……』以及一些脫離了浪漫抒情時期的短詩：

·如「彈片·TRON的斷腿」詩中表現戰爭冷酷的一些詩句『一張飛來的明信片，叫十二歲的TRON沿著石級走，而神父步紅氈，子彈跑直線……，當鍬钁昇起時，一邊繩子斷了，整座藍天便斜入太陽的背面……』

·如「車禍」詩中表現都市文明冷漠面，寫的一些詩句『……他不走了，路反過來走他，城裡那尾好看的週末仍在走……』

·如「迷妳裙」詩中，表現現代都市生活銳利的官能反應與特殊的視覺經驗，寫的一些詩句：『裁紙刀般，刷的一聲，將夜裁成兩半……』

·如「流浪人」詩中，表現現代人被冷酷的時空與都市文明放逐中的孤寂與落寞感，寫的一些詩句：『被海整得好累的一條船在港裡，他用燈栓自己的影子，在咖啡桌的旁邊，那是他唯一隨身帶的動物，而拉蒙娜近得比什麼都遠……，他帶著隨身帶的影子，朝自己的鞋聲走去，一顆星也在很遠很遠裡，帶著天空在走……』等，都不難看出我自四十七年拋開浪漫詩風過後，是急速且不斷地向現代新的生存層面、新的心象活動世界，去探索與極力塑造那具有「現代感」、「現代精神意識」以及至爲繁複、尖銳與具強大張力的意象語。我甚至相信強有力的意象語，是精神與思想的原子能，能在人類心靈中，產生無比的震撼力。

就因爲這樣，在那時期，我繁複的意象語，便也像是油井一樣，不可抑制的到處冒開來，形成我個人詩語言特有的氣勢與形態。詩人兼詩評家陳慧樺教授，曾評我當時的詩時說：「讀羅門的詩，常常會被他繽紛的意象，以及那種深沉的披蓋力量所懾罩住……，不管在文字上、意象的構成上等等，羅門的詩，都是最具有個性的。他的詩，是一種龐沛的震撼人的力量，時時在爲『美』工作，是一種新的形而上詩……」①；一位在政大任客座的美籍教授詩人高肯博士（W.H.Cohen）說：「羅門是一位具有驚人感受性與力量的詩人，他的意象燃燒且灼及人類的心靈，我被他詩中的力量所擊倒……」②詩評家蕭蕭在文章中說：「羅門的詩，有強大的震撼力，他差遣意象確有高人一等之處」③；於不久前，詩評家張漢良教授更進一步的說出：「羅門是臺灣極少數具有靈視的詩人之一，他寫反應現代社會現象的都市詩，是最具有代表性的詩人……」④。上面這些對我激勵的話，都可說是對我自四十七年（一九五八）之後全面地投入「現代型」的心象世界，去探索與創造那具有現代感與獨特性的詩的語言世界，所產生的迴響。的確在語言探索與創造的漫長的旅途上，面對著的挑戰與體認，是夠多且不斷地發生的，嚴肅而深具意義。

當我從「窗」詩中的「猛力一推，竟被反鎖在走不出去的透明裡」這一現代型悲劇所形成潛在性的自我意識之困境，衝出去之後，「東方」與「中國」，在我心靈深處所潛伏的和諧的一元性自然觀，於經過現代西方文明二元性的生存觀之強大沖激，所產生的變動與蛻化，確實使我有所頓悟與產生不凡的意義：㈠東方與西方的文化，在現代，已非孤立與相排拒的存在；而是彼此不能不相互地吸取彼此的精華，去面對全然開放性的無限創造的境域。事實上也是如此，國際上兩位被公認的西方大雕塑家布朗庫斯與亨尼摩爾，便是吸取了東方的和諧感與圓渾感；同樣的，我國當代在國際上享譽的趙無極與林壽宇兩位畫家，也都吸取了西方在創作上的新觀念。這足可證明人類具創造力的「腦」與「心」，是絕不會去拒絕世界上所有美好的事物的。於是我覺得我那句詩工作的位置，對我來說，是有啓示的。它既不是重複陶淵明「悠然見南山」的自然觀；也非受制於西方理知與機械文明所分解的思考世界，而是站在東西方二大文化在「現代」的沖激中，企圖抓住人存在於原本中的精神實態與實境。這種歸向「人本」的緣發性與靈悟性，仍應是偏向於東方文化探本朔源的範疇，但它畢竟是從「現代」的位置，以新的形態與意涵偏過去的，於詩的創作精神世界，應有創新的意義的。

(二)使我更有信心去面對與不斷發覺語言的新境域；而且確信語言的新境域，又將不斷更新詩表現技巧中的手法——諸如象徵與超現實以及直敘白描等在創作中產生變化與呈現新態。譬如上述「窗」詩中的那句詩，不就在藝術表現中，呈示不同古詩乃至以往新詩的超現實的表現嗎？就是在使用比的手法中，蘇東坡的「好風似水」，固然比得很好，但做爲一個現代詩人，在不同的時空中，對事物的觀察與思考，難免有不同的角度。於是當我在詩中寫「落葉是風的椅子」這樣的「比」時，是否因語言多加進了一個夢太奇掃描的「動感」鏡頭，便也因此在工作中增加效果呢，可見詩人對語言與技巧的探索與運用，是順乎詩人的心象，在不同的生存處境中活動，而不斷有新的發現與創見的。

綜觀全集，不難看出我在語言探索與創造的旅程上所努力與探求的方向：

1.我的「語路」一直與我的「心路」永遠並行——這也就是說我的語言是我的生命通過「現代」的時空位置，對人存在於「都市」與「大自然」兩大生存空間所遭遇到的「生死」、「戰爭」、「自我」、「性」與「永恆」等重大生命主題予以對話與沉思默想，所發出一己的獨特的聲音；同時也更企求這聲音，必須與人類存在的生命相呼應。

2.強調語言的「現代感」與個人獨特風格的建立——也就是說，我一方面在力求語言能進入現代官能與心態活動的新境與前衛的位置去工作；一方面更力求一己的語言在工作中的獨特性與新創性。

3.從「曙光」的浪漫抒情，到「第九日的底流」、「死亡之塔」、「隱形的椅子」、「曠野」、「日月的行蹤」、「停上呼吸在起跑線上」、「有一條永遠的路」、「與誰能買下那條天地線」……等詩集，偏向於現代人繁複的心象活動所做的象徵、超現實、投射與直敘的表現，以及近年來，不少詩中採取較平易與明朗（但仍強調其深度與密度）的語路……都大致可看出我語言的走向——是由早期想像任放與較淺明的直敘的語態（如上面列舉「曙光」時期的詩例）；轉變爲中期意象繁複繽紛複疊與較深入的悟知語態（如上面列舉「曙光」時期以後的詩例）；再就是後來大部份詩的語言，都盡力走上『有深度的平易性』、『穿過錯雜的直接性』與『透過繁複的單純性』等的語路。

如在「晨起」詩中的語句：「站在頂樓／一呼吸／花紅葉綠天藍山青……，此刻要是不飛／鳥那裡來的樣子」。

「茶意」詩中的語句：『……整個視野靜入那杯茶中，歲月睡在那裡，血淚也睡在那裡，……沉在杯底的茶葉，全都醒成彈片，如果那是片片花開，春該回，家園也該在……』。

「賣花盆的老人」詩中的語句：『他推著一車歲月，擺在巷口賣，坐在盆外，他也是一隻空了卅多年的老花盆，直望著家鄉的花與土……』。

「日月的行蹤」詩中的語句：『獨坐高樓看雲山，山看你是雲，雲看你是山。山坐下來，連著地；雲遊起來，伴著天！』。

「海邊遊」詩中的語句：『……涉水時，雙腳是入海的江河，嘩然一聲藍，雙目已飛起海天的雙翅……。歸帆把黃昏運回岸邊，拋下一束沉寂，只有東南西北站在那裡偷看……』。

在「車上」詩中的語句：『張目是風景，閉目是往事，一回首，車已離地去，身在雲裡，夢在雲外……凝望溶入山水，山水化爲煙雲，煙雲便不能不了，事情總是這樣了的』。

在「摩托車」詩中的語句：『一條揮過來的皮鞭，狠狠的鞭在都市撒野的腿上……』。

在「溪頭遊」詩中的語句：『山在雲中走，雲在山裡遊，你是山，也是雲。雲遊，千山動；雲靜，山已睡了千年……。林鳥穿過千樹，碰碎滿山的青翠，滴滴落入泉聲，是誰在彈古箏』。

在「觀海」詩中的語句：『飲盡一條條江河，你醉成滿天風浪；浪是花瓣，大地能不繽紛；浪是翅膀，天空能不飛翔，浪波動起伏，群山能不心跳……』

在「曠野」詩中的語句：『你隨天空闊過去，帶遙望入寧靜……，鳥帶天空，飛向水平線；人帶護照，逃往邊界；你帶煙雲，返回原來……」

在「漂水花」詩中的語句：「我們蹲下來，天空與山也蹲下來」。

從這些抽樣性例舉的語句中，可看出我目前語言的走向，的確是除了強調語言的現代感與新意；便是往較明朗、直接與單純但堅持精神深度與質感的方向發展，如前幾年寫的「傘」中，更是企求語言以「平易」、「自如」的「直敘」形態與勢能，進入詩中非常具有「現代感」與「行動化」的四個實視空間去工作。這四個實視空間，便是相關連、緊緊扣在一起發展的——「現實中的實視空間」、「記憶中的實視空間」、「超現實中的實視空間」與「禪悟中的實視空間」，茲將「傘」詩列舉於後：

他靠著公寓的窗口
看雨中的傘
走成一個個
孤獨的世界
想起一大群人
每天從人潮滾滾的
　公車與地下道
裹住自己躲回家
　把門關上

（現實的）

（記憶的）

忽然間
公寓裡所有的住屋
全都往雨裡跑
直喊自己
也是傘　　　　　　　　超現實的
他愣然站住
把自己緊緊握成傘把
而只有天空是傘
雨在傘裡落
傘外無雨　　　　　　　禪悟的

這首詩，很明顯是運用白描直敘、以及生活口語化與行動性的語言，所構成一潛藏在語言滑動平面下的立體空間，以表現出現代人生活在現代都市與內心深處至爲嚴重的孤寂感。可見我是想把過去緊密的意象語，鬆開來，再度以看不見但較前更大的內壓力，緊緊抓住對象的要害。

從上面一連串闡述我詩語言在發展過程中，所遭遇、面對與呈現的，大致可看出我除了強調「現代感」（因「現代感」含有創作的三大卓越性——「創新性」、「前衛性」與「震撼性」）外，也注意到吸取古詩有機的質素與精華，尤其是它的精純感與緣發的直敘性，如：「克勞酸喝得你好累」、「刷的一聲，把夜裁成兩半（迷妳裙）、「張目是風景，閉目是往事」、「猛力一推，竟被反鎖在走不出去的透明裡」、「逃是鏡中的你」、「鳥不在翅膀上，天空的上面是什麼呢？」」、「雲帶著海散步」、「往事把車窗磨成一片朦朧」、「窗是飛在風景中的鳥」、「蹄落處，花滿地；蹄揚起，星滿天。」、「浪來天更高、浪去天更遠」、「海握著浪刀，把山越雕越高，把水平線越雕越細」、「涉水時，雙腳是入海的江河」……等都可說是已多少吸收了古詩的某些精華，並以開放的心境接受西方現代藝術思潮的影響，而全然轉化到具有我個人特殊風貌的創作世界中來，這也是我一直堅持的創作觀點，那就是：『做爲一個現代中國詩人與作家，他首先必須是中國人，同時必須是現代的中國人，也必須是關心到全人類的現代中國人，最後更必須是他不斷超越中的獨特的自己。』

此外，我想順便說的，是在我的詩選集中，有兩首詩是以詩來寫詩論的詩：「門與世界與我的奇妙連線」一詩，是寫論詩的奇妙的想像力；「山的世界」一詩是寫構成詩世界中的「意象」、「語言」與「結構」等三大主要支柱。至於「古典的悲情故事」、「後現代A管道」、「在後現代都市裡各玩各的」、「世紀末病在都市裡」以及「長在後現代背後的一顆黑痣」等詩，那是針對後現代目前的生存環境與藝文空間普遍產生的盲點，而以後現代詩的創作意識與形態，批評在泛價值觀與泛方向感裡已形失控、飄忽搖擺的後現代現象。並且在「有一條永遠的路」那首詩中，堅信人類創造的智慧，仍是帶有歷史感與深層的價值意義，永遠走在「前進中的永恆」的途徑上，繼續對人類在目前所呈現的後現代思想，尤其是後現代創作思想可能或已經偏向於「存在與變化」的低層次「消費文化思想」性格，提出警示與防範。因為「前進中的永恆」，既可包容「存在與變化」，又可將之提昇入思想高層次的具有持續性（就永恆性）的存在與活動的境域，同思想家湯恩比的進入宇宙之中之後之外的無限眞實存在的精神世界有通連與交會。因此可見後現代以及未來的後現代的後現代，在「前進中的永恆」的詩創作無限地存在下去的精神思想的途徑上，都只是許多階段性的過程；而只有能確實通過階段性的過程，進入「前進中的永恆」的境域，方是一個詩人與藝術家以高度智慧從事人類精神文明事業的終極企求與目標。

最後，我想在此特別感謝文史哲出版社彭正雄先生，在嚴肅文學趨向極度低潮的時刻出版我創作的系列書。他付出的心力與這股盛情，我除了感激，更對他偏重文化不以營利爲主、從事出版事業所表現文化人的高度素養與品格表以敬佩。當然更使我終生難於忘懷的是女詩人蓉子，他四十年來相處，給於我生活中的慰勉與諧和以及安定感，使我能專一的投入詩與藝術的創作世界。如果我的努力確實獲得某些理想的成就，則我對蓉子的感謝，便多出了一種感恩的心情。

附語

在詩創作世界藝術表現的馬戲團裡，有各項表現。

(1)有人抱著感情，又歌又唱，又跳又舞，以綜藝的普通演技與格調，娛樂觀衆。

(2)有人以遊戲方式，玩耍撲克牌，手法明快靈巧，過程也精彩美妙，可說是十足的耍巧，如果比做拉小提琴，技巧到家，但弓只拉在提琴的弦線上，沒有拉心靈中的琴線。

(3)有人耍魔術，或把躺著的人，以遮眼法浮昇到空中，眞是魔幻般，使觀衆又迷又信又幻，稱好叫絕。但過後大家都猜疑甚至確定它不是眞的。或把人裝在箱裡，用鋸將箱子上下左右的猛鋸，最後人仍活著出來。過程雖然步步驚魂，但終是一場「製作」的虛驚。這兩種耍法，設計構想、手法都相當高明，令人嘆爲觀止，然而「藝術」的生命與「人」的生命，並沒有眞的接觸，再耍下去，還可加進科幻，增加效果。

(4)有人揮著鞭舞獅弄虎，在可見且帶驚險的現實距離裡。人與獸的對決，於技巧進行的過程中，是有驚心動魄的「眞」的生命介入的，其中也含有較高的代價與保險性，給觀衆在「技巧」之外，自然多出一層對人與生命的眞實關懷。唯一不夠理想，是與事實（現實）的距離過近。

(5)有人爬上「形而上」的高空，將眞的「生命」與「技巧」溶爲一體表現「高空飛人」。

過程中秒秒的「驚視」，始終是跟著活的「生命」起伏的。更有人進一步，走在懸在生與死兩崖間的高索上，上是高高的天空，下是死亡的深谷，周圍寂靜無聲，觀衆屏息呼吸在看，但看不見「花巧」的技巧，只看見驚目驚心的走索人，步步驚魂的走在他不能沒有的更高強的「技巧」中。而技巧雖也令人注目，但在注目中，更令人感動與震驚的，是帶著「技巧」一起走的走索「人」。如果將「電動玩具人」換掉肉體人在高索上走，情況便立即變化，絕引不起這樣強大的震撼效果，至多只產生(2)與(3)項「把玩」的一些驚奇。

在上述的五項藝術表現裡，我所選擇的，比較傾向於第(4)與第(5)兩項，於採取接近現實層面作業情況時，偏用第四項；於採取超越現實的「形而上」作業時，則用第五項。均因爲我說過：「離開人的一切，若不是尚未誕生，便是已經死亡……我寫詩，不只是爲創造一些美的形式與方法，更是企求人與自我的生命，也必須在那美的形式與方法裡邊」。因此，我向詩創作世界投資的是「生命」與「藝術」雙方面的。；既不是單向走「爲藝術而藝術」的路，也非單向走「文以載道」的路；而是將「藝術」與「存在的一切生命」，送入我受詩眼監視的「第三自然」世界，去溶合成「美」的生命思想與美的精神境界，所呈現出詩的藝術作品。我之所以採取這樣的看法，是因爲如果詩只是爲藝術而藝術，只屬於一種高級的文字技巧與遊戲，那同打球、下棋與耍魔術的有什麼不同呢？如果詩只是偏重「文以載道」，排拒詩高度的藝術性，那大可去寫道德經、方塊專欄以及散文乃至其他文章，何必寫詩？

至於我將四十年來的詩作，構想彙編成這一系列的詩集，同上述強調詩必須對「人」與

「生命」存在，做深入的探索與沉思默想的觀念，是至爲相關的，因爲人做爲詩人之前，他必須也是一個通過時空、接受人所面臨存在中的「戰爭」、「都市文明」、「自然觀」、「自我、時空、死亡」以及情愛與其他事物……等重大思想主題不斷挑戰的人，便也難免對這些不同的重大思想主題，分別在詩中進行著不同的對話與發出不同的聲音。並自然形成各個不同的思想活動區，而也自然帶來我構想出這一以詩爲主的系列書的適當理由與動機。

【附　註】

① 見一九七一年「藍星年刊」陳慧樺教授寫「論羅門的技巧一文」。

② 見一九七一年「藍星年刊」一〇七頁錄用高肯教授的評語。

③ 見詩評家蕭蕭在一九八〇年故鄉出版社出版的「中國白話詩選」中寫的「心靈的追索者——羅門」一文。

④ 見一九八七年五月一日出版的「中外文學」雜誌，張漢良教授寫的「分析羅門的一首都市詩」。

前言

人活著，一直是在時空的座標上，向前移動，將時間與空間抽掉，人便找不到存在的位置，所以人活著，不能不對存在與變化的時空沉思默想。的確，時間是有强大的重量與壓力的；空間是有不可限制的阻力的。而詩人的心靈旣是最敏感的，便應覺知人一生出來，便被「死亡」的左右手——「時間」與「空間」從搖籃旁邊，一直綁架到殯儀館，那是世界上最大的綁架案，但從沒有破過案，迫得人活著，又不能不對「死亡」沈思默想，而了解到詩人里爾克為什麼會讚說「死亡，是生命的成熟」；以及也使我在「死亡之塔」近三百行的長詩中，回應里爾克的心聲，說出了「生命最大的回聲，是碰上死亡才響的」。

有人死在戰場，死在煙灰缸與酒瓶、死在過量的麻醉劑裡。除了緣自詩的靈覺，我們不會驚視鐘面上小小的長短針，竟是世界上最大的絞架；也不會想到人一生出來，因睡覺已死去三分之一，所剩下來的，又因為時間是消逝了，但是人並沒有回到眞實自我的位置，那也等於是死亡，那麼人在一連串片斷的死亡的時間流程中，眞正活在不被扭曲的自己之中還有多少呢？人可以對著所有的人，乃至上帝說謊，但人不能對著自己說謊。於是人又不能不對自我的存在，進行沉思默想，也常常迫著在晃動與重疊的衆多面孔中，去指認不出自己來，有時甚至陷在靈魂沉寂的深海，將孤獨的自我打撈，而使外在的現象空間變小，内在的實質空間一層層擴張變大，先是「哲學」進來，對著人存在的「自我」、「時空」與「死亡」說了一些什麼，一轉身便不見了，只留下詩與藝術在「美」的思索裡。

如果詩與藝術的思想，既非哲學的思想，又不能絕緣於思想之外，而哲思又往往是具有深度與卓越性的思想，那詩與藝術該純粹與獨立自主到那種地步？詩與藝術的符號與表現手法，雖建立在高度的耍巧上，但只為耍巧而耍，耍出一些魔術與把戲；耍不出眞正具震撼性的生命來，那便不能不使我們去珍視詩人拉馬丁（LAMARTINE）說的話：「我們獻給詩神的，不是傳統的七弦琴，而是心靈的纖維」。這也就是說詩與藝術美的符號與形式技巧的背後，永遠潛藏有「生命」與「思想」的感人的聲音，但它不是哲學，它仍是詩與藝術。如果只把詩與藝術的創作行為，視為耍巧，那詩人與藝術家，同賣藝與打球下棋有什麼不同？

還是讓詩與藝術帶著人在心靈的深處，去探索「自我」、「時空」與「死亡」等存在的奧秘，去進行一項內在至為深入與幽美的抒情工作，這樣會獲得生命存在的更多的美感與想像。

我既不能在創作的思想世界與心靈歷程中，排除掉我對「自我」、「時空」與「死亡」等存在所做的探索與沉思默想，則這個系列的構想便也因而形成了。

小提琴的四根弦

童時，你的眼睛似蔚藍的天空，
長大後，你的眼睛如一座花園，
到了中年，你的眼睛似海洋多風浪，
晚年來時，你的眼睛成了憂愁的家，
沉寂如深夜落幕後的劇場。

一九五四年

第九日的底流

不安似海的貝多芬伴第九交響樂長眠地下，我在地上張目活著，除了這種顫慄性的美，還有什麼能到永恆那裏去。

序曲

當托斯卡尼尼的指揮棒
　　砍去紊亂
你是馳車　我是路
我是路　你是被路追住不放的遠方
樂聖　我的老管家
你不在時　廳燈入夜仍暗著
　　爐火熄滅　院門深鎖
世界背光而睡

你步返　踩動唱盤裏不死的年輪
我便跟隨你成為迴旋的春日
　　在那一林一林的泉聲中

於你連年織紡著旋律的小閣樓裏
　　一切都有了美好的穿著
日子笑如拉卡
我便在你聲音的感光片上
　　成為那種可見的迴響

一

鑽石針劃出螺旋塔
所有的建築物都自目中離去
螺旋塔昇成天空的支柱
高遠以無限的藍引領
渾圓與單純忙於美的造型
透過琉璃窗　景色流來如酒

醉入那深沉　我便睡成底流
在那無邊地靜進去的顫動裏
只有這種嘶喊是不發聲的
而在你音色輝映的塔國裏
純淨的時間仍被鐘錶的雙手捏住
萬物回歸自己的本位　仍以可愛的容貌相視
我的心境美如典雅的織品　置入你的透明
啞不作聲地似雪景閃動在冬日的流光裏

二

日子以三月的晴空呼喚
陽光穿過格子窗響起和音
凝目定位入明朗的遠景
寧靜是一種聽得見的迴音
整座藍天坐在教堂的尖頂上
凡是眼睛都步入那仰視

方向似孩子們的神色於驚異中集會
身體湧進禮拜日去換上一件淨衣
為了以後六天再會弄髒它
而在你第九號莊穆的圓廳內
一切結構似光的模式　鐘的模式
　我的安息日是軟軟的海棉墊　繡滿月桂花
　將不快的煩躁似血釘取出
　痛苦便在你纏繞的繃帶下靜息

三

眼睛被蒼茫射傷
日子仍廻轉成鐘的圓臉
林園仍用枝葉描繪著季節
在暗冬　聖誕紅是舉向天國的火把
人們在一張小卡片上將好的神話保存
那輛遭雪夜追擊的獵車

終於碰碎鎮上的燈光　遇見安息日
門窗似聖經的封面開著
在你形如教堂的第九號屋裏
爐火通燃　內容已烤得很暖
沒有事物再去抄襲河流的急躁
掛在壁上的鐵環獵槍與拐杖
都齊以協和的神色參加合唱
都一同走進那深深的注視

四

常驚遇於走廊的拐角
似燈的風貌向夜　你鎮定我的視度
兩輛車急急相錯而過
兩條路便死在一個交點上
當冬日的陽光探視著滿園落葉
我亦被日曆牌上一個死了很久的日期審視

在昨天與明日的兩扇門向兩邊拉開之際
空濶裏，沒有手臂不急於種種觸及
「現在」仍以它插花似的姿容去更換人們的激賞
而不斷的失落也加高了死亡之屋
以甬道的幽靜去接露臺挨近鬧廳
以新娘盈目的滿足傾倒在教堂的紅氈上
你的聲音在第九日是聖瑪麗亞的眼睛
調度人們靠入的步式

五

穿過歷史的古堡與玄學的天橋
人是一隻迷失於荒林中的瘦鳥
沒有綠色來確認那是一棵樹
困於迷離的鏡房　終日受光與暗的絞刑
身體急轉　像浪聲在旋風中
片刻正對　便如在太陽反射的急潮上碑立

於靜與動的兩葉封殼之間
人是被釘在時間之書裏的死蝴蝶
禁黑暗的激流與整冬的蒼白於體內
使鏡房成為光的墳地　色的死牢
此刻　你必須逃離那些交錯的投影
去賣掉整個工作的上午與下午
然後把頭埋在餐盤裏去認出你的神
而在那一剎間的迴響裏　另一隻手已觸及永恆的前額

六

如此盯望　鏡前的死亡貌似默想的田園
黑暗的方屋裏　終日被看不見的光看守
簾幕垂下　睫毛垂下
無際無涯　竟是一可觸及的溫婉之體
那種神秘常似光線首次穿過盲睛
遠景以建築的靜姿而立　以初遇的眼波流注

以不斷的迷住去使一顆心陷入永久的追隨
沒有事物會發生悸動　當潮水流過風季
當焚後的廢墟上　慰藉自閣掌間似鳥飛起
當航程進入第九日　吵鬧的故事退出海的背景
世界便沉靜如你的凝目
遠遠地連接住天國的走廊
在石階上　仰望走向莊穆
在紅氈上　腳步探向穩定

七

吊燈俯視靜廳　廻音無聲
喜動似遊步無意踢醒古蹟裏的飛雀
那些影射常透過鏡面方被驚視
在湖裏撈塔姿　在光中捕日影
滑過藍色的音波　那條河背離水聲而去
收割季前後　希望與果物同是一支火柴燃熄的過程

許多焦慮的頭低垂在時間的斷柱上
一種刀尖也達不到的劇痛常起自不見血的損傷
當日子流失如孩子們眼中的斷箏
一個病患者的雙手分別去抓住藥物與棺木
一個囚犯目送另一個囚犯釋放出去
那些默喊　便厚重如整個童年的憶念
　被一個陷入旋渦中的手勢托住
而「最後」它總是序幕般徐徐落下

八

當綠色自樹頂跌碎　春天是一輛失速的滑車
在靜止的淵底　只有落葉是聲音
在眉端髮際　季節帶著驚慌的臉逃亡
禁一個狩獵季在冬霧打濕的窗內
讓一種走動在鋸齒間探出血的屬性
讓一條河看到自己流不出去的樣子

歲月深處腸胃仍走成那條路
走成那從未更變過的方向
探首車外　流失的距離似紡線捲入遠景
汽笛就這樣棄一條飄巾在站上
讓回頭人在燈下窺見日子華麗的剪裁與縫合
沒有誰不是雲　在雲底追隨飄姿　追隨靜止
爬塔人已逐漸感到頂點倒置的冷意
下樓之後　那扇門便等著你出去

九

我的島　終日被無聲的浪浮雕
以沒有語文的原始的深情與山的默想
在明媚的無風季　航程睡在捲髮似的摺帆裏
我的遙望是遠海裏的海　天外的天
一放目　被看過的都不回首
驅萬里車在無路的路上　輪轍埋於雪

雙手被蒼茫攔回胸前如教堂的門閣上
我的島便靜渡安息日　閒如收割季過後的莊園
在那面鏡中　再看不見一城喧鬧　一市燈影
星月都已跑累　誰的腳能是那輪日
天地線是永久永久的啞盲了
當晚霞的流光　流不回午前的東方
我的眼睛便昏暗在最後的橫木上
聽車音走近　車音去遠　車音去遠

一九六〇年

死亡之塔

透過死對生命認知，本是上帝的工作。詩人子豪之死，不知是誰推我去當上帝的助手。的確，死亡帶來時間的壓力與空間的漠遠感是強大的。逼使詩人里爾克說出：『死亡是生命的成熟』；也迫使我說出：『生命最大的迴聲，是碰上死亡才響的』。站在『死亡之塔』上，我更看清了生命。

一

當落日將黑幕拉滿
　　帆影全死在海裏
你的手便像斷槳
　　沉入眼睛盯不住的急流
抓不住火曜日
握不住陽光的方城

也划不動藍波的醉舟

打穀場將成熟的穀物打盡
死亡是那架不磨也利得發亮的收割機
誰也不知自己屬於那一季
而天國只是一隻無港可靠的船
當船纜解開　岸是不能跟著去的
一棵樹倒在最後的斧聲裏
　　樹便在建築裏流亡到死
而在那一睡便醒不來的時空裏
神的假臂終究接不住聖瑪利亞手中的幼嬰
生命便如那忙亂的腳步聲
被遺忘在沒有記性的月臺上
當期待與禱告都到齊了
若剪刀將彩帶剪斷　闖進來的不是笑聲
所有的手便迫著去握那個沒有電的插頭
任層層的夜圍攏你　環抱你

歲月已默視無目　張望無窗
世界便似鏡被捏碎　光蹓光的　影跑影的
眼睛迫著放走拐角裏的某些逃遁
　將視線收回來好苦啊

在稿紙種滿尤加利樹的往昔
　　蓋有你的磨坊
磨碎鐘錶的齒輪　也磨不斷你的沉視
將自我拋入指針急轉的渦流裏　你圖逆旋
那互撞　較擊劍還曉得致命的傷口
那爭執　比鋸齒向樹木問路還急躁
你的不安早已成為嚴重的風季

在尼古丁燃燒著那種醒的夜裏
你的面逃不出燈的瞭望
　便被光埋在稿紙上
　成為遼濶的風景　成為睡著的火焰

在雲層之上　在岩層之下

入冬　港口已暗　潮聲也冷
　寒流也帶來信息
催園林裏留不住的都趕程回去
你也回去　地球也哭著回去
朋友　要是捉迷藏的蒙巾解開
場景裏再也浮不出那張預料中的面孔
叫我們如何推開你睫毛放下的欄柵
　進去將夜撕破　把失去的從煙流中尋回
在那一年的第五季　所有的鳴鐘都是啞的
一條河在音樂中斷的電唱機裏死去

水流乾了　風車便轉不動田園的風光
空曠裏　寧靜的羅列　鋪著遙遠的去路
　鳥從那裏飛不返　風從那裏吹不回
我們便用太陽畫影子　點綴你的行程

二

朝陽啣住黎明銀白色的吸乳瓶　奔向嚮午
　從光的峭壁上跌下來
　　夕陽的血便在西天流盡
朋友　在入晚的廊柱下
你眼睛的紡車被夜卸下搖把　紡不出視線
　坐姿便棄椅而去　燈也死在罩裏

日影隨流動的季節在庭園裏換位
那變距是一道陷阱　事情總是失足的
收割日之後　無物可指出風向
盯視也穿不過田園的陰暗
你便成為入倉的糧食　在火裏飄昇
主啊　彌撒日　那些禱詞已被嚼成橄欖香
人們為何在聖餐裏聞及那焦味

當焚屍爐較郵筒還穩妥
一封信在火途上快遞
我們便清楚地讀到　主啊
你在用骨灰修補天國
主啊　你如果就是那扇啓閉的百葉窗
在兩根繩來回的反拉裏
便有一輪日從產房衝出
一黑夜釘入棺蓋
而木馬死了　最藍的天也埋在那裏
面紗揭開　花容便在閃光燈中探詢著謝期
抖步絕崖　總有一塊斷石到時認出你的鞋
歲月像噴泉飄落在無力爬昇的回程裏
亞門像電鈴呼叫在萬物紊亂的門號上
鋸木聲叫著林　箭簇聲叫著鳥
火焰叫著煙流　煙流呼醒域外
在域外　連歸雲都睡著了

朋友　當燃燒的景物在眼爐裏熄滅
　谷底昇起　岩底昇起　海底昇起
　　光與暗的爭吵不再
　　　樹與風的爭吵不再
　　　　潮與浪的爭吵不再
在夜的光滑的斜面上　連影子都站不穩
你的探步如何把持住那滑度
就在那一次跌跤的怔忡裏
藍天的調色盤給摔碎了　太陽也擠不出油彩
世界便被推入那沒有畫也沒有畫框的茫然裏
讓一切在盲睛中只有一種淒然的稱呼——
死亡！它就這樣成為一切內容的封殼
　　成為吞吃上帝黑袍子的巨影
日子因鎖配不出鑰匙而驚呼
只要窗開著　連天花板都急著往外逃
朋友　當崩塌聲沿斷柱嘩然而下
你是事情過後的那陣靜

當永久的假期寫在碑石上
你是那隻跌碎的錶　被時間永遠的解僱了
　自由脫離它鐵絲網的娛姆
　強風找不到它森林的鏡子
　退潮帶不走它拖過的岸
你便步出自己　逃離腳印　逃離路

法蘭西詩集疊成石級的日子安息了
貝多芬製造海的日子安息了
在杯底打撈宴會屍體的日子安息了
在少女與孕婦呈現花與果的日子安息了
在槍管與筆管裏流著兩種血的日子安息了
當那支洋火已躍出光的走廊
鑽石針也走完它華麗的紋路
你的臉便暗如移離放映窗的銀幕
　不再被光浮彫　不再製作風景　不再認識眼睛
在耶穌也放假的假日裏　你便攜著雲

去跳　去跳你那永遠也跳不完的天地線的繩子

當那座十字架建築已在胸前竣工
太陽的金驢子也死在地球的黑磨坊裏
主啊　連你自己都失業與斷糧了
叫我們如何從奉獻箱裏要回你的借款
如何在一個破洋娃娃裏挖出嬰兒時的哭聲
如何在林蔭道上拾回孩童時滾鐵環的輪響
如何伏在鐵軌上收回那些逃奔的日程
主啊　當那雙空鞋似廢船棄在岸上
　　不再裝載不安的天色　不再拖運那永遠也運不完的遠方
我們便在沒有浪潮的回潮裏　想念海
　　在沒有奔流的回流裏　想念河
　　在沒有聲音的回聲裏　想念谷
　　在霧靄裏想念烟突的輪廓　山的輪廓　鳥的輪廓
　　在挖墓聲裏想念墻的姿式　門的姿式　窗的姿式
在一條被焚燬的死虹裏　尋覓陽光中的雨景

三

歲月的伐木者　在髮林裏伐出空地
　是用來捉迷藏　還是用來瞭望天國
當鴿灰色的秋空　展不出鴿子的翅膀
我們便逐漸感知那低垂下來的靜
　像十字架的影子　火睡在灰燼中

暖日吃掉整春的花色
使長夏醉紅如一條著火的走廊
天空被燒焦　季節沉著臉向廢墟走去
雪便成為那種最原本的顏色與聲音
說出那張永遠睡去的臉

時序逃不出四季的方城
雙目望不回千山萬水
花瓶也養不活春天

生命便像斷在刀下的一根繩子
永恆是接的　在那日子來時迫著解開
誰都註定是那張要被放完的唱片
　奇幻得如被漩渦旋轉成的塔
　　於渦流靜止時倒塌

如穀物滿足農村
人是堆在鐘齒上的糧食
　　滿足著時鐘的飢餓
時間之海啊　因你的茫然無際
我們生來便是那條為你流乾的河
　在子宮開堰的節日裏　急急流向你
直至所有的浪聲全死在你的聾耳裏
　所有的光燦全暗在你的盲睛中
我們仍不知自己也屬於那流浪的風系
離去時　將影子留在一張漏光的底片上

山林浮彫著大地的墳園
珊瑚彫飾著海的墳園
雲與鳥畫著天空的墳園
以三角亭的遙望
以無風港的守候
以天鵝絨被的等待
那一夜　世界累得如被餐具圍獵過的晚宴
　眼睛背燈而睡
　鏡子背形象而望
於綠葉花朵與果子的接力跑過後
誰也無力去抱太陽的橄欖球
　猛衝歲月的凱旋門
隔著棺蓋　神父總是接不好那條斷了的錄音帶
只好讓一部分消息寄往禮拜日
一部分投遞沒有住址
方屋裏　迴響擊向四壁

在抑制下　終又溫順如那條沿岸而下的河
我們便默悟那個在閤掌間昇起的世界
　而感知死　成為死的僕役
　謙卑得如一盤被傳遞的聖餐
　　靜候一個從胸前繞道過來的手勢
　　去把花朵們繞成白色的圓窗
　　　茫然了遠景
　　　　也茫然了那找不到收容的凝望
讓眼睛就這樣瞎在沉思裏
像花瓷磚瞎在暗廳中
　仍知夜的幽寂　燈的俯視

四

太陽無論從那一邊來
總有一邊臉流在光中
　一邊臉凍成冰河
花店便天天忙著

將兩種花賣給兩種節日
讓眼睛成為玫瑰與白菊爭吵的園子

鏡子一望便響成鬧鐘
　響成一種計時系統
刮鬍刀已日漸感到某種成長的頑強
明天總是為使昨日成為某些遺忘而來
　總是將那一半入場券堅持在場外
　　另一半飄成火的姿態
以右腳救起左腳　總有一隻腳最後成為碑
　　　成為曠野的標誌

人是註定帶著各種酒瓶流浪了
醉不回那醉過的醉
　也醉不出那醉過的睡與醒
便只好將雙目投在天地線上
形成那輛無人駕駛的自由車

雲般不領牌照　風般不看路標

當終站醒在那聲煞車裏
任腳步將路說成千種樣子　路仍是路

任風景在視線上飄出萬種色彩
　也只有一種成為眼睛

凝眸與子彈喊出的靜止
　美如睡著的夜

張目的無視　是把燈也熄掉的那種影子
誰都不會再是誰　當疤痕已認不出刀的尖銳
那些要命的讚詞與笑意
常溫柔得如撒在射程上的食料
人是被誘導去建設另一種漠野的鳥

五

滿屋燈光將我推倒在那面墻上

迫我說出那個影子
而什麼都不去想的想
　是一更遠的遠方

以卡通的聯想　也無法猜透那躲在盲睛中的謎底
以南歐的夜晚　也醞釀不出如此熟透了的睡意
而它總是成為那種最懇切的接待
　　成為女人光滑的胸臆
　　成為收容一切容貌的鏡面

追思日　亡友的臉不再是一枚光亮的金幣
誰肯老待在冷風裏苦苦去認出昨日的風
誰又能在燈滅後仍一直抓牢那影子
當一年十二個月從壁上走下來
長短針跑在沒有刻字的鐘面上
生命只是一堆天色　摺在那把黑傘裏
　一陣浪聲　疊在風中

酒宴過後　僕役是最忙的掃墓人
花獨夜　愛琴海的琴聲碎於一聲獸叫
我們曾以掌聲擊亮一排勳章
　曾闖入瑪麗亞不認識的黑巷子
　曾為一句流言與讚美弄亂了白晝夜晚
而我們總是握住掌心而不知手在那裏
　總是想不出鳥飛出翅膀的時候
太陽將入晚留不住的自己　刻在白晝的樹蔭裏
我們從一雙破靴中將路放走　讓荒野獨自回去
當背後像遠去了的步音
我們如何使跨前的腳向後複合
如何使陳列的花籃還原為春天
當封在彈疤裏的久遠戰場
　被斷臂人的尼龍衣裹住
我們即使是子彈也認不出傷口
誰能在巴黎二九六九年的春天
　仍聽清一九六九年的砲聲

當棺木鐵錘與長釘擠入一個淒然的音響
天國朝下　一條斷繩在絕崖上
我們即使站在眼睛裏　也看不出眼睛在看的什麼
　　坐在心上　也想不出心裏在想的什麼
而它是光　我們是被透過的玻璃
　它是玻璃窗　我們是被納入的風景
它是造在風景上的塔　我們是被觀望的天外

一九六九年

逃

一

第一把箭
便使曠野發出驚叫
翅膀認不出天空來

逃不出天空的翅膀
都躲到雲裏去
卻下水晶簾
玲瓏望秋月

其實　逃是鏡中的你

二

要不是鳥籠．
使原野瘦了
翅膀怎會想自己
　是天空的兩扇門
眼睛也不會望成
　窗外的風景

其實　逃就是一種飛
　　就是鳥說的那種空濶
即使雲為了遠飄
　將山的階梯推開
那也只是起伏與浮蕩
從不經過傷口

不經過傷口的逃

便用不著去想
鐵柵等不等於那隻豹的視線
那把箭能不能將曠野追回來
當春日逃過一片片的花瓣
夏日逃過一陣陣的浪潮
秋日逃過一林林的葉音
冬日逃過一山山的雪景
遠方逃過一目目的氤氳
只要去想起雲與鳥
天空便會一把抓你成為
那朵美麗的形而上

三

其實　逃是一個很美的裸體
可愛極了
大人拿著衣服追
小孩子笑嬉嬉光著屁股跑

四

其實　逃就是那隻鳥
當風景不穿衣服在山水中
　天空不穿衣服在雲上
　海不穿衣服在風浪裏
　河不穿衣服在兩岸間
　你不穿衣服在身體裏
　眼睛不穿衣服在瞭望中
　煙不穿衣服在飄渺裏
那隻鳥　一振翅
便是千里迢遙

一九七五年

窗

猛力一推　雙手如流
　總是千山萬水
　總是回不來的眼睛

遙望裏
你被望成千翼之鳥
棄天空而去　你已不在翅膀上
聆聽裏
你被聽成千孔之笛
音道深如望向往昔的凝目

猛力一推　竟被反鎖在走不出去
　的透明裏

一九七二年

窗的世界

窗是大自然的畫框
也是飛在風景中的鳥

窗在田園　自動裝上遠距離廣角鏡頭
窗在都市　越來越近視
窗在遠方　鳥飛出翅膀
窗舒暢快活時　千山萬水不回首
窗被關發怒時　炮彈洞穿過層層厚牆
窗孤獨無聊時　一面擦亮寂寞的鏡子
窗閤目沉靜時　一口深山裏的古井
　　　　　　　附近有人在打坐

一九九一年一月

目·窗·天空的演出

臉一靠窗
目便與天空換了位置
天空總以為用不著動
　全都到了它下面

·

窗心照不宣
站在遼濶裏看
天空不動
目也不動
天空動
目仍不動
天空用太陽的腳猛踩
　踩也踩不到底

天空伸出月光的手
　夜便越摸越深

・

天空忍不住吐雲吐雨
　於雷電交加之後
最累的是空濶
最平靜的是那目

・

天空以直線走來
　走入樹的根脈
天空以迴旋走來
　走進樹的年輪
天空以曲線走來
走過了雲路鳥道
天空隱著身體走來
　走出了煙

天空走不見了
目動也不動
以金屬質的透明
將寂靜望成音樂
窗坐在空濶裏唱
無論以那一種鳥去飛的天空
也高不過它
無論以那一種風去追的天空
也遠不過它
無論以那一種天地線去圍繞的天空
也濶不過它
無論以那一種山水去美的天空
也美不過它
無論以那一種聽與看的天空
也聽不過看不過它

·

窗走出空濶　回到自己那裏去

　　不聽也不看
讓天空與目　目與天空
　換過來　換過去
直至那輪落日
　沿窗下去

一九七四年

隱形的椅子

全人類都在找那張椅子，它一直吊在空中，周圍堆滿了被擊瞎的眼睛與停了的破鐘

一

落葉是被風坐去的那張椅子
流水是被荒野坐去的那張椅子
鳥與雲是放在天空裏
　很遠的那張椅子
十字架與銅像是放在天空裏
　更遠的那張椅子
較近的那張椅子
　是你的影子
　他的影子

我的影子
大家的影子

二

森林以千萬種意象
架構著藍天
寂靜是一面鏡
只要鳥聲劃空而過
便有一把鑽石刀
對著它劃過去
劃開許多門許多窗

風景流過雙目
雙目流入斑斕
斑斕流成迷離
眼睛裏的那條河
便也流成煙了

三

那包煙
是20條河
流成海時　岸也看不見了

抓住那瓶酒
等於抓住上帝的後腿
你是堅持要先上天堂的
至於蒙娜此刻是睡在樓上或樓下
反正你通過時　不是盯住藍天
　　　　　　　便是望著綠野

四

零時

停車場是入睡的遠方

路停在煞車上
只要煞車一鬆
遠方便轉成一個
圓
一個世界沿向心力迴旋而入
一個世界沿離心力迴旋而出
出出入入
入入出出
你便去成那片
純白的空間

五

清晨是玻璃蓋的
鳥聲對照出它響亮的明度
在窗與天空與眼睛共同製作的
遼濶裏
連風景與山水
都會使你分心

六

因為此刻你正站在樓頂上
看一片雲在飄
一隻鳥在飛
一朵遠方在開放

光湧過來
將他圍住

什麼是煙之內
　霧之外
那全都是水晶球中
　要的魔術
他寧願裸著被光抓去
　永遠關進燈的心
　　星的心
　　月的心
　　太陽的心

七

觸及是手
到達是腳
能握的都不在手裏
能到的都不在腳下
若雙手雙腳已分別回到
　兩岸與路裏去

叫山　山窮
喊水　水盡
那時看也不是目
　見也不是目
除了風問雲
　雲問風
誰知道眼睛最後是死在那一種顏色裏
　那隻鳥是如何將天空翻過去的

八

一條河從她腰間流過
竟被看成破山而出的
　瀑布
聽説那是春天的突然
　變調
兩把刀從她的媚眼中

伸過來
插在左右心房上
竟長成兩棵相思樹

九

砲口開著一排窗
窗的前面很靜
尤其是在那些窗
開了又關上之後

神父禱告時的嘴也開著一排窗
窗的前面更靜
尤其是在那些窗
關了又打開的時候

十

燈下　一些詩稿與

一隻他坐過的空椅子

夜不向窗外看還好
一看　那隻空椅子
　　竟成了天空
　　人去　星在

一九七四年

鞋

樓梯口的那雙鞋
竟是天窗裏的一朵雲
山遙水遠　雲非樹
水遠山遙　雲非雲
雲只是那條
永
不
能
定
名
的
路
鞋
也
是

遠方也是
天空裏的那片落葉也是

一九七二年

光　穿著黑色的睡衣

紫羅蘭色的圓燈罩下　　光流著
藍玉的圓空下　　光流著
邱吉爾的圓禮帽下　　光流著
唯有少女們旋動的花圓裙下
那塊春日獵場　　光是跳著的
而在圓形的墳蓋下　　連作為天堂支柱的牧師
也終日抱怨光穿著黑色的睡衣

一九五八年

存在空間系列

一、天空與鳥

鳥如果不在翅膀上
天空的上面是什麼
事實上他是天空
　　不是鳥
能一直飛的是天空
　　也不是鳥
天空將各式各樣的鳥籠
　　留給早晨的公園
將成千成萬的鳥巢
　　留給傍晚的樹林
他沿著天地線不停的飛

日月是他的雙翅
晝夜是他的投影
眾鳥跟著他斷斷續續在飛
誰也不知他飛有多高
　　　　　　多遠
　　　　　　多久

二、天空與雲霧

在晴天
他展現無限的藍與廣闊
　　　就同眼睛一樣
在陰天
雲霧密佈下層層黑幕
企圖將他圍困
好在日月始終跟著他
無論在那裡
他從兩度平面空間

昇越進N度立體空間
都永遠是那座亮晶晶
　發出迴聲的透明建築
　　　　　　給光看

三、天空與眼睛

只有當環視看不見範圍
注視使一切穩住不動
凝視焚化所有的焦點
窺視點亮所有的奧祕
仰視再也高不上去
俯視使世界都跪拜下來
天空才會在最後
張開他的眼睛
　從無看到有
從有看到無

註：詩人與藝術家的確是拿到「上帝」的通行證與信用卡，從兩度平面空間進入N度立體空間去作業的。

一九八九年四月

有一條永遠的路

天空與大地
抱著溫潤的圓形在走
都市與摩天樓
抱著冷冷的方形在走
歲月是向東向西
　　向左向右
一直吵得不停
社會　躲在屏風與面具裡吵
議會　在議來議去裡吵
國會　在會不在一起裡吵
商場　在鈔票與股票裡吵
牛肉場　在爆開的肉彈裡吵
戰場　在炸開的炸彈裡吵

報紙　在熱門新聞裡吵
雜誌　在雜七雜八裡吵
電視　在眼花撩亂的節目裡吵
文藝　在不同的圈子裡吵
文化　在不同的層面裡吵
吵來吵去
吵一些人回南山打坐
吵一群人湧上街
　與車水馬龍一起吵

要不是貝多芬的樂音
從滿天的風聲雨聲市聲與人聲
　　　　　穿越過來
　　　將聲音重新調好
使時間恢復原來的節奏
　空間恢復原來的秩序
歲月能走出什麼好看的樣子

說出什麼更好聽的話
在貝多芬的樂音裡
有一條永遠的路
讓鳥能飛回剛展翅的地方
花能開回剛開放的地方
河能流回剛流動的地方
人能真的回到人那裡去

註：「藝術使人類的靈魂淨化，權力使人的靈腐化」美國故總統肯奈迪說。既是如此，則像貝多芬那樣偉大的藝術家，應被看成全人類「心靈世界的老管家」。他的樂音走出一條永遠的路，同教堂的鐘聲有時平行、有時走在一起。

一九七九年九月

2比2・20比20

——未完成的隨想曲

一

窗外是門
門外是鎖

山外是水
水外是天地茫茫

二

人穿衣服
衣服口袋裏放著一張護照

鳥穿天空
天空口袋裏什麼也不放

三

一盆一盆剪齊了的盆景
從理髮店裏好看出來

飄飄然的長髮　被陽光噴成瀑布
被風吹成叢林

四

馬路劃著一條一條的線
鐵軌固定著兩邊輪子轉動

原野劃著一條一條的河
翅膀從不問天空是如何飛的

五

鳥
飛入山水
雞
飛進菜市場

六

要想找到風與雲與鳥的地址
請向天空與曠野大喊一聲　聽聽回音

七

而你住在那裏　再遠也遠不出那雙腿
　　　　那條巷　那條街
坐上電梯　摩天樓再高

也高不出屋頂

天空坐上雲　誰知道眼睛有多高
渺茫有多遠

八

投一根釣魚線到深山的溪流裏去
整個大自然便靜靜的坐在那裏

將視線繞入她的腰
沿目紋一拉　射死人的搖滾樂

九

鳥聲與泉音
叫森林越睡越沉

流行歌與車輪聲

叫都市翻來覆去

十

那麼多輪子
也只能轉動幾條街
太陽只動一隻輪子
全都跟著動

十一

太陽的嘴
吻開滿海浪花
你的嘴
吻起滿目眼波

十二

站在山峰上　天空頂撞你的頭
　　　　　　近得可用手去摸

站在乳峰上　天空滑到下面去
　　　　　無底的深淵

十三

兩岸抱住河　抱住風景
　睡到遙遠的海裏去

雙手抱住她　抱住夜色
　也睡到遙遠的海裏去

十四

貝殼聽海叫
　聽陽光與月光在隔壁説話

耳朵聽槍叫
　聽她與鈔票在笑裏笑

十五

牧笛是一條河
　流出乳般的晨光，酒般的晚霞
槍管也是一條河
　流出白色的淚　紅色的血

十六

樹上的花　是窗
樹上的果　是窗簾放下的窗
屋房的窗　是花
房屋放下窗簾的窗　是甜蜜的果子

十七

歲月若是一張落帆
便一層一層地摺在你的額上
而太陽那把閃亮的彫刀　死抓住海浪不放
　　死抓住大理石與金屬的紋路不放

十八

天地的雙腿合攏在水平線上
　　換上翅膀飛

十九

你的雙腳是一把生鏽的剪刀
合攏在老祖母顫抖的手裏
體毛在焚屍爐中

燻成一陣煙

山水在太陽裏

煮成一鍋風景

二十

大自然

是一座銀行

人

是票面不同的紙幣

一九七五年

門與世界與我的奇妙連線

花朵把春天的門推開
炎陽把夏天的門推開
落葉把秋天的門推開
寒流把冬天的門推開
（時間到處都是門）
鳥把天空的門推開
泉水把山林的門推開
河流把曠野的門推開
大海把天地的門推開
（空間到處都是門）

天地的門被海推開
海自己卻出不去

全人類都站在海邊
　　發呆
只看到一朵雲從門縫裡
　　悄悄流出去
眼睛一直追著問
問到凝望動不了
雙目竟是兩把鎖
將天地的門卡擦鎖上
門外的進不來
門內的出不去
陳子昂急著讀他的詩
　前不見古人　後不見來者
　唸天地之悠悠　獨愴然而涕下
王維也忍不住讀他的詩
　　江流天地外
　　山色有無中

在那片茫茫中
門還是一直打不開
等到日落星沈天昏地暗
穿黑衣紅衣聖袍的神父與牧師
　　　　忽然出現
要所有的人將雙掌像兩扇門（又是門）
　　　　在胸前閤上
然後叫一聲阿門（又是門）
天堂的門與所有的門
　　便跟著都打開了
在一陣陣停不下來的開門聲中
我雖是想把所有的門
　　都羅過來的羅門
但仍一直怕怕那手中抓住
鎖與鑰匙的所（鎖）羅門

註：廿多年前我曾說過全人類尤其是詩人藝術家均是活在卓越的想像力中；不然，門只有木

門、鉛門、鐵門、玻璃門、前門與後門，或者門都沒有，但有了想像力，它把時間的門、空間的門、哲學家的腦門、詩人的心門與上帝的天堂之門等無數的門，都一道道推開來，到處都是開門的聲音。

又：寫完此詩，忽然覺得它爲我對「想像力」這在詩中特別重要的創作觀念，作了具有臨場感而非「條文性」的具體說明。

一九八九年八月十八日

螺絲刀

站在酒的尖端
火的尖端
劍的尖端
翼的尖端
風的尖端
山的尖端
三角形的尖端
你不停地旋轉
將圓圓的鐘面
圓圓的地球
一圈圈旋轉成
能忘形
能焚燒

能穿越
能飛昇
能飄逸
能打坐
能頂立
的

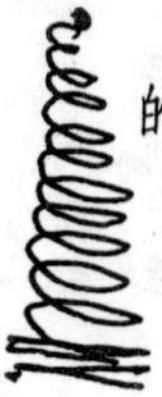

一把不停地旋轉在
鐘錶雙手中的
螺絲刀

一九九三年七月

燈屋不同的設計

燈屋設計在
　沒有圍牆的光裏
不必爬樓梯　坐電梯
再高　一看就到

不像帝國大廈
爬到一百層
仍出不了四面牆
要再高上去
頂樓的露臺
牆是沒有了
如果被天空抓去
自己不是鳥

掉下去連聲音都聽不見
好在四週還有欄干
為了安全
退一步想
就站在那裏不動
變成一座銅像
縱使沒有翅膀
　也好些

一九九三年六月

回首

一

歲月如何回首
問山　山問海
海追著浪
直問到天邊
什麼也問不出來

為了遙望
留下遠方
為了繼續連繫
　留下天地線

二

要歲月回首
除非叫山走動
　海停下來
讓沉睡的岩層
　都醒成波浪
　發出金屬聲
叫另一個海從山裏走出來
天空重新張開眼睛
才會發覺走在風雨中
　走得最堅苦的
不是一面走一面怒吼的海
　而是沉默無言的山

一九九二年二月

誰能買下那條天地線

將日月星辰與燈
照來照去的光線
都拉過來
將汽車輪船與飛機
跑來跑去的航線
都拉過來
將畫家手中
畫來畫去的曲線直線
都拉過來
將大家眼睛
看來看去的視線
都拉過來
拉在一起

到最後
也只留下那條茫茫的天地線
　　牽著天　拉著地
　　　在走

註：記得有一次我與一群名畫家在畫廊聊天，曾半開玩笑半認眞的說：「你們從小畫到老，究竟畫了多少線條，好累！由於地景藝術（LAND ART）的興起，我乾脆請「詩」替你們向造物申請買下那條「天地線」，便省事得多了………」。

一九九二年一月

死亡一直這麼說

曾祖父前　數不清的曾祖父
一個比一個遠
一個比一個茫
眼睛總是順著迷茫
渺茫
空茫
一直茫下去
即使用戶口名簿
祖宗牌
紀念碑
與墳碑
留住那個名字
那也只是一聲感歎

在聽
一個漠遠
在看

一九九一年七月

看時間一個人在跑

地球在太空裏跑
火車在地球裏跑
我們坐在火車裏不動
　看風景在車外跑
跑到速度倒轉過頭
　　來跑
風景便停下來
　看車裏的我們在跑
火車便停下來
　看地球在跑
地球便停下來

看太空在跑
太空便停下來
看時間一個人在跑

一九九一年十月

另一個睡不著的世界

零時三點
一輛車沿著窗外
將夜一路咬到
完全沒有聲音的地方
丟下來

世界睡得更沉
連最不想睡的卡拉OK
都打哈欠關燈了

你卻睡不著
在另一個不眠不休的世界裏
因為夜一直要找光的出口
詩便將你點亮成

一盞燈
放在最接近太陽出來的
山頂上

一九九二年十月

跟著詩與藝術走

詩與藝術
逼他要回所有的時間
交由它保管
他也回到自己那裏去
誰都管不了
海闊天空
便是這樣來的

遠離那些彎腰駝背的地方
彼此忙著交換空盒子的地方
最後也不同商行
銀行
行在一起

帶著整個自己
跟著詩與藝術走
走到千山鳥飛絕
雲深不知處
高處不勝寒
仍在走
走來時間美的回音
空間美的瞭望
世界便坐在詩與藝術裏
等著永恆來

一九九一年七月

兩種相連的心情

一

海　從海口出去
在槍炮聲大過浪聲
　飛機嚇跑海鳥的
　　　年代
海便隨著遠天的雲
　　飄泊
海　從海口回來
上岸的　是最初的記憶
其他的許許多多
早已海濶天空去
海的性情

本來如此
既不像湖
也不像河
便水連天水連地的
　望著天地開放的
　另一個「海口」
　　看自己來去

二

海的上面
是飄逸與昇華的專用地
除了雲與鳥
那裡去找更好的造型符號
雞　難看與等死在籠中
煙霧　昏暗時間在視線裡

鳥飛　雲遊
過了峰頂
下面是懸崖斷壁
是高　是低
都不用管了

要飛多高　問天
要遊多遠　問地
問不出來
便不問　更好

註：寫完這詩想起同蓉子參加在美舉行的國際作家交流會，有一位西方作家問我從那裡來，我竟這樣回答他：「我說我從臺灣來、從大陸來、從地球來、從「人」來，從詩與藝術來，從可領到上帝通行證與信用卡的地方來……」這些話，多少使內心得以感通了。

一九九三年十月

附錄部份有關批評

羅門詩的哲思

賀少陽

首次拜訪羅門賢伉儷，在各種螺旋塔影的燈屋中，確感置身於一個東西方超感知、感性、知性的大整合；太空發射的稚拙造形，顯示了主人的童心。他以略帶廣東鄉音的國語輕聲解說自己的思想架構，使我略窺他的整體觀。他憂心忡忡的說，「當代文明的上面完全封閉。」這正是我要說的通向無限的「向上一路」斷了。

上個世紀末，歐洲文學的重心在帝俄文學——想文學史家會接受——文學的思想性濃厚，是以托爾斯泰等人的人道主義一線相傳。

西歐存在主義的出現是一由來有自的突變（精神不變），反叛冷酷如同現實的政治，使身受其害又冷眼旁觀（文學變遷）的個人衝擊至大。驀然回首，姑不論存在主義的好壞，顯示文學闖進人類存在的核心問題。羅門也認爲，一入此問題，必入「形上」。

而在與存在主義發展的同時，並行的科學，尤其新物理，也證實了存在主義的「空無」。區別在，不是存在主義的「絕對空無」，而是把物質世界證成了「通天下一氣耳」的空與無，與東方文化的空中有不空、無中生有的「空」「無」匯合。物理的哲學接受的不是存在主義向下一路的空無，而是東方哲學向上一路的空、無。

相對論：質、能（加速、重力）的究極是「四度空時曲率的烏有」（空、無）。

量子學：「質量是無物。」（空、無）

物質世界非絕對空無，因爲還有數理符號的「曲率」和氫光譜中使能量向外層跳躍又回到基態層的數理公式在。

這個曲率和公式是誰掌握？上帝、道、佛性、梵？這就視每個人的感受和信仰而定了。面對原子有兩百多種粒子而茫然的物理學家，認爲「神秘後仍有神秘」，可能永遠也揭不開這個謎。就文學思想言，詩是文學的最上層建築，繼物理的哲學、生物進化的哲學之後，我們提出「詩的哲學」——哲學中的一環，是恰合時宜的。個人繼在「藍星」發表的幾篇文字之後，已建議使用此名詞，併一文由「心臟」詩刊披露，不贅。

一　羅門的「上升螺旋」

我曾建議人類文化的眞善美如金字塔的三面，滙合於「一」的峰頂。這純然自玄學上立論的。

羅門燈屋的各種懸、立、掛的螺旋代表他的「詩的哲學」，是自「美」的基礎出發的。他這一立論，也有哲思的滙通。

高懷民先生在「大易哲學論」中，言「圓道周流」並非一純粹的無端的「圓」，而是如彈簧螺旋。

基因學的基因，其分子排列如螺旋梯。

生命的進化，不是直線前進的。

個人「整體論」（實是中華文化的整體論）的結論是：「眞善美是人類五度（Dimension）心（一度）空（長寬高三度）時（一度）的運作，」現借用翁上林先生譯文「進展中的宇宙」的一圖（見附圖），所表示愛因斯坦的彎曲時空連續區（《天文物理》、科學圖書社）。

物體之運重（MOTION OF BODY）

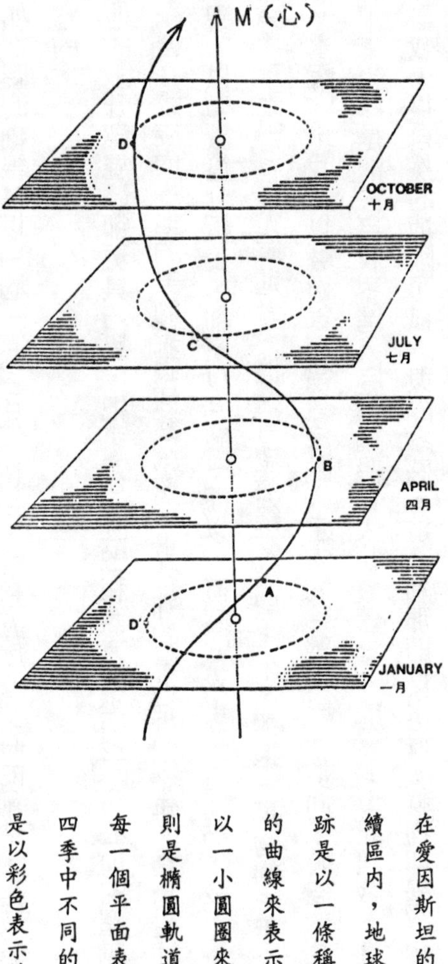

在愛因斯坦的彎曲的空時連續區內，地球繞日的運動軌跡是以一條稱爲「世界線」的曲線來表示。這裡太陽是以一小圓圈來表示，而地球則是橢圓軌道上的小黑點，每一個平面表示地球在一年四季中不同的位置，世界線是以彩色表示的。

如把圖的軸線M以「心」（Mind）認知，就是五度心空時的創造，是可為羅門上升螺旋體示意的。

他的上升螺旋體卻更具巧思，把東方的圓融和西方如尖刃三角心向的超越（如貝多芬尼采）統合在螺旋內。他的美的銳眼觀察細密，最特殊的是他近四十年的精力投注於現代詩畫，功力深，以顯微鏡分析美，卻不以「腦」而以「直感」表現美。這點，我不得不接受他所主張的「才華說」。而尤有進者，他還有望遠鏡來瞻望未來，擁抱（萬物的）生命捕捉永恆。

「永恆」，我是以藝術家和宗教家融入宇宙的「絕對」、消除了時空的相對和自我來詮釋的——也即是消失自我（進入宇宙本體和人類整體）才能得到眞正自我，在大一的整體中體認自我，很自然的消除了孤立與隔離感。這一剎那即是永恆。就物理學言，當人被投入沒有座標的太空，沒有方向的認知，也就無時間先後的認知（時空本一），這一物理事件毫無意義（所以愛氏提出相對論）。而這一無意義的事件，就道禪和美學言，正是具有關鍵性意義的「永恆」。

二　羅門的「窗」

他向我剖析牆壁畫上的「窗」詩。我的直感，這是一首現代禪詩。

「窗」，象徵人的衆多囿限：人被封閉於屋中；人的心靈被限於肉體中。這是與生俱來的桎梏，就聖經的喻言，人的心靈原是與上帝合一的「氣」，被吹進泥做的軀體中，這便是

「被造物性」，不得自由，就進化宇宙論言，大爆炸後，太初冷卻，電子找到質子成氫——宇宙建築的磚塊，「一陰一陽謂之道，」慢慢由氫的組合成九十二種原素，在地球上進化成生命以至於人。是故，人的潛意識中便有了根深柢固回歸粒子自由的鄉愁——「人的根在宇宙中。」人的過去、現在、未來是不可分割的。

「猛力一推，雙手如流」，這一突破交融的情識是非常自然的：「歸去來兮，胡不歸？」「總是千山萬水／總是回不來的眼睛」，周流六虛的山海波濤起伏，賞心悅目不盡。「遙望裏／你被望成千翼之鳥／棄天空而去／你已不在翅膀上」。主接爲客的投射，融入，似有而無；似無卻有。這是詩人特有具化功力的表現。

「聆聽裏／你被聽成千孔之笛／音道深如望向往昔的凝目」，視聽渾成一個整體的表現，或許還有味覺呢！以前述粒子的詮釋，讀者就可體會個中情趣了。禪語中有「分身成爲千百億」的況喻，在此言詩人的直感恰當。而似有卻無，似無卻有，如金剛經言，「所謂佛法者，即非佛法，是名佛法。」究極爲空，空中卻有不空的自性（本體）在。

就古代道禪言，便到此爲止了。莊子已入「大通」，禪人已全般跳出，融入宇宙了。而根據禪的經驗，他們是一悟永悟的。

試看下面的一則公案：

「陸亘問南泉，『古人瓶中養一鵝漸長大，出瓶不得。如今不得毀瓶，不得損鵝，和尚怎麼生得出？』南泉召曰，『大夫！』陸應諾。南泉曰，『出也！』陸從此開解。」

古代禪師以呼喚使人得悟的不少。佛洛姆等西方心理分析學家認爲一聲召喚，把人（交融的情識）整個喚出。

而羅門，深深體會現代人的痛苦——人與動物不同，動物只有條件反射的痛苦，而人能覺識自己的痛苦。且人除軀體的限制，尙有家庭責任，社會義務，文化囿限，所以「猛力一推／竟被反鎖在走不出去／的透明裏」，愁比天大。這是一種徹底無思考餘地的直覺，進入現代人存在的核心，羅門之與古代禪師不同，因做爲一個詩人，必須回到現實並反映現實的感受，成人類的代言人。

「常恨此生非我有，何時忘卻營營？」這種桎梏感自古皆然，唯當代環境的氣氛更使人有壓迫感。「老屋穿空，幸有天遮蔽。」淡化、幽默，或許使我們好過些。而道儒的「認命」和「忍耐」是另一種哲學，因爲無可奈何時，只有等待，環境會時移物轉。誠如羅門自己的哲學，人類會上升至另一螺旋，人類整體的心力會把自己帶往向上一路。就整體看，我是樂觀的，即成就負面言，人類如孩童，玩火柴灼傷多次以後，會找出脫困之路，進入高層螺旋裏。

人須偷吃了禁果喻，使人類產生痛苦的覺識；而基督文化的哲思，爲人類開闢另一條路：自由意志，人類固然有選擇自毀的自由，如核子戰爭；但也有選擇生存的自由，這正是目前地球上的趨式。有趣的是，無神論的物理學家們，在計算粒子行爲的或然模式裏，發現了人類有意志自由的空間，就宇宙長遠的生命看，我們銀河邊小小的地球上一個世紀，只是「

一瞬」而已。但堅持向上的心志是必要的，羅門正有如此捨我其誰的擔當和氣概，這就夠了，他自己和我們均應得寬慰。

藍星詩刊29號一九九一年十月

■賀少陽：詩人、詩論家、研究科學、哲學與文學有年。

讀羅門的「窗」與「傘」

陳寧貴

近讀「羅門詩選」發現兩首詩，很值得提出來討論。羅門是自由中國極傑出的詩人，早在民國六十一年便寫出「窗」這首佳作：

猛力一推　雙手如流
　總是千山萬水
　總是回不來的眼睛

遙望裏
你被望成千翼之鳥
棄天空而去　你已不在翅膀上
聆聽裏
你被聽成千孔之笛
音道深如望向往昔的凝目

猛力一推　竟被反鎖在走不出去
　　　　　　的透明裏

這首詩早已聞名詩壇，他對現代人的希望與挫折有精確深刻的描寫。另一首「傘」寫於七十二年，與「窗」寫作的時間相隔了十二年，這首詩同樣是描寫現代人暗晦的心靈世界：

他靠著公寓的窗口
看雨中的傘
　走成一個個
孤獨的世界
想起一大群人
每天從人潮滾滾的
　公車與地下道
裏住自己躲回家
　把門關上
忽然間
公寓裏所有的住屋

全都往雨裏跑
　直喊自己
　　也是傘

他愕然站住
把自己緊緊握成傘把
　而只有天空是傘
　雨在傘裏落
　傘外無雨

這兩首詩如果要套個頭銜，可稱作：存在主義的詩，它們對現代人存在的現況以及心理反應的描述，都令讀者驚異不已。「窗」象徵現代人對現代生活苦悶的抗拒。兩詩都可以看見現代文明無形的壓力，正不斷地把現代人包圍起來，現代人的悲劇性於是生焉。

「窗」中說：「猛力一推，竟被反鎖在走不出去的透明裏。」

「傘」中說：「只有天空是傘。雨在傘裏落。」

可見人爲的希望和抗拒，是多麼的乏力無奈！

我們再來看看這兩詩的表現方式，「窗」的抽象形式在「傘」裏已看不見，羅門經過了十二年後，他已將深奧的玄想化作清淡的文字來表達，但為讀者所帶來的詩境界卻更遼闊，更耐人尋味，從被「透明」反鎖的描寫到「傘外無雨」幾近禪境的運用，正如老子道德經所謂「道可道非常道，名可名非常名。」以及傅大士所謂：「空手把鋤頭，步行騎水牛；人從橋上過，橋流水不流。」其中的突兀、深邃都來自一正一反的矛盾語法。

人類都有向外拓展的欲望，在層層的封鎖中，人都會想盡辦法突圍而出，所謂：欲窮千里目，更上一層樓。所以羅門在「窗」中說：猛力一推，雙手如流，總是千山萬水，總是回不來的眼睛。其實「窗」正是人的另一雙眼睛，我們企圖透過它去眺望、守候。相對的人也有另一種向內逃避的傾向，像含羞草被物所觸立刻關閉自我，守護自己，就如「傘」中的：裏住自己躲回家，把門關上。然而人的守候與守護並不如想像中的順遂。因此這兩詩的結局都顯得突兀而荒謬，這與現代環境及現代人的心理暗合，有時候我們甚至誤認自己是個異鄉人，對現存的一切感到困惑、陌生、不滿。千翼之鳥何在？千孔之笛何在？難道我們仍流落在唐代孟浩然「寂寂竟何待，朝朝空自歸」的境界中？經常我們熱切地在期盼著什麼，不一會又驚慌逃離什麼。「窗」與「傘」正是兩種矛盾心態的反應。從「窗」的眺望期盼，到「傘」的逃避自衛，難道是羅門這十二年來心境的轉變嗎？或許年歲的增長，使得羅門的靈視更能看透人世的假象，他祇要將自己緊緊握成傘把，再也無懼人生的風雨了吧。

兩詩含蘊之深，令我不敢強作解人，然而「窗」與「傘」不但將成為羅門的代表作，相信也將成為現代詩的重要作品。當讀者讀到「窗」……「猛力一推，竟被反鎖在走不出去的透明裏。」以及「傘」；「而只有天空是傘，雨在傘裏落，傘外無雨。」的時候，除了拍案叫絕以外，更頓悟了人的悲劇與尊嚴。羅門在現代詩方面的神奇造詣，在這兩詩中悄然洩露，的確令人嘆爲觀止。

民眾日報一九八四年十一月十五日

■陳寧貴：詩人、並寫散文、小說與詩評，現任殿堂出版社總編輯。

詩的三重奏

——評介羅門的詩

呂錦堂

詩人羅門，是位才華橫溢的藝術家，他以敏銳的靈覺去從事藝術的探索，完成許多豐盈人類心靈的詩作，是一位享譽國際文壇的中國現代詩人，也是一位推動中國現代詩的健將，其作品無論在深度、廣度，和密度都十分完美，其詩作予吾人的印象是氣勢磅礴，富於陽剛之美，他將全生命投入藝術，擁抱藝術，故作品有著強烈的生命力。他曾說過：「藝術！優越與高超的人的食料，它已漸成爲我靈魂之梯的扶欄，伸入奧秘之境。」藝術成爲他探索靈魂神秘空間的梯子，他以其詩人的氣質，探索出無數燦爛繁花，因爲他能在藝術的廣度上作橫的吸收，如古典音樂中，貝多芬的交響樂，蕭邦的鋼琴曲，較詩還早在他的生命裏邊，植下了那隨著歲月擴張的神秘與美的推力，那時，他也接觸了一些莎士比亞、海涅、歌德……等詩人的作品，那是在民國三十一年他進入空軍幼校的幾年裏，也就是在他十二歲以後的幾年中，他就接觸到這些藝術，而受到感染。我們也知道，羅門對於繪畫的靈敏度並不亞於一些專業畫家，因爲他能掌握藝術在本質上的共通性，而吸收溶化，成爲他在詩的創作上的養份。在藝術的深度上，他的作品不是表象的描繪，而是能觸及藝術的核心的，他在詩的創作上，已形成爲一種近乎宗教性的嚮往，所以他的「第九日的底流」，能創作出像貝多芬的第九交響曲那般的龐大，和有著顫慄性的美，當我反覆的讀著他的這首作品時，不由得使我想起了畫家尤特里羅所畫的教堂，是那樣的純淨，伸入天空。我們且聽聽詩人羅門他發自心靈的聲音：「詩與藝術是開發人類內在世界豐饒完美內容的力量，給我們以內在之目，去凝視肉眼所看不見的美的一切，給我們以內在之耳，去傾聽肉耳無法聽聞的美的一切，給我們以內在之手腳，去觸及四肢所捉摸不到的美的一切。於是，人類生存的奧境，便因此遼闊、深邃，且繁美了起來。」所謂「密度」，是指其作品的骨架、結構之完美性，藝術作品若缺乏完美性，則表示這位藝術家尚缺乏表達的能力，在技巧上不夠純熟，不夠精鍊，而羅門的詩作，在密度上可說是無懈可擊，我們可以信手舉出他的題爲「鞋」的詩作爲例：

鞋

樓梯口的那雙鞋
　竟是天窗裏的一朵雲
山遙水遠　雲非樹
水遠山遙　雲非雲
　　　雲只是那條

永不能定名的路
鞋也是
遠方也是
天空裏的那片落葉也是

這首詩的意象很美，技巧也落於無形，鞋的漂泊，和雲的流浪，形成生命的無奈，然而藝術家卻看得很淡泊，這淨化的靈魂對於生命的無常已能看得很淡，而從「樓梯口的鞋」接下「天窗的雲」，如攝影鏡頭的推移，將我們從靜的世界，帶到動的世界，底下：「山遙水遠，雲非樹，水遠山遙，雲非雲」，就是一幅有著很美意境的水彩畫，再接著：「雲只是那條永遠不能定名的路」，「鞋也是」「遠方也是」，以視覺空間的推遠，帶動我們心靈空間的推遠，最後的「天空裏的那片落葉也是」，這一筆所寫下的休止符實在耐人尋思，呈現出

「張力」。

我們可以說，羅門的詩作，就是一扇心靈之窗，我們欣賞他的作品，就好像「步入事物與生命的深處，將美的一切喚醒。」本文擬就「羅門自選集」裏的詩作，作個抽樣的欣賞，以和詩人共享藝術的奧秘。

二 詩之美

窗

猛力一推 雙手如流
總是千山萬水
總是回不來的眼睛

遙望裏
你被望成千翼之鳥
棄天空而去 你已不在翅膀上
聆聽裏
你被聽成千孔之笛
音道深如望向往昔的凝目

猛力一推　竟被反鎖在走不出去
　　的透明裏

在羅門的這首詩裏，所表達的是詩人的冥思，他在開窗和關窗的兩種不同動作裏，形成兩種不同的境界，前者開窗的動作，從「猛力一推　雙手如流」開始，是視野的開闊，也是思相的奔馳，詩人的思想逐漸的進入冥想的世界，如羽化而登仙，故謂「棄天空而去，你已不在翅膀上」，最後一段「猛力一推，竟被反鎖在走不出去的透明裏」，不但寫出了關窗以後，人類的孤獨感，也暗示了玻璃的質感。羅門的「第九日的底流」是首長詩：

第九日的底流

序曲

當托斯卡尼尼的指揮棒
砍去紊亂
你是馳車　我是路
我是路　你是被路追住不放的遠方
樂聖　我的老管家

你不在時　廳燈入夜仍暗著
　爐火熄滅　院門深鎖
　世界背光而睡
你步返　踩動唱盤裏不死的年輪
我便跟隨你成爲迴旋的春日
　在那一林一林的泉聲中
在你連年織紡著旋律的車閣樓裏
一切都有了美好的穿著
日子笑如拉卡
我便在你聲音的感光片上
　成爲那種可見的迴響

一

鑽石針劃出螺旋塔
所有的建築物都自目中離去
螺旋塔昇成天空的支柱
高遠以無限的藍引領
渾圓與單純忙於美的造型

透過琉璃窗　景色流來如酒
醉入那深坑　我便睡成底流
在那無邊地靜進去的顫動裏
只有這種嘶喊是不發聲的
而在你音色輝映的塔國裏
純淨的時間仍被鐘錶的雙手捏住
萬物回到自己的本位　仍以可愛的容貌相視
我的心境美如典雅的織品　置入你的透明
啞不作聲地似雪景閃動在冬日的流光裏

二

日子以三月的晴空呼喚
陽光穿過格子窗響起和音
凝目定位入明朗的遠景
寧靜是一種聽得見的迴音
整座藍天坐在教堂的尖頂上
凡是眼睛都步入那仰視
方向似孩子們的神色於驚異中集會

身體湧進禮拜日去換上一件淨衣
　爲了以後六天再會弄髒它
　而在你第九號莊穆的圓廳内
一切結構似光的模式　鐘的模式
我的安息日是軟軟的海棉墊　綉滿月桂花
將不快的煩燥似血釘取出
痛苦便在你纏繞的綳帶下靜息

三

眼睛被蒼茫射傷
日子仍迴轉成鐘的圓臉
林園仍用枝葉描繪著季節
在暗冬　聖誕紅是舉向天國的火把
人們在一張卡片上將好的神話保存
那輛遭雪夜追擊的獵車
終於碰碎鎮上的燈光　遇見安息日
　窗門似聖經的封面開著
在你形如教堂的第九號屋裏

爐火通燃　內容已烤得很暖
沒有事物再去抄襲河流的急躁
掛在壁上的鐵環獵槍與枴杖
都齊以協和的神色參加合唱
都一同走進那深深的注視

四

常驚遇於走廊的拐角
似燈的風貌向夜　你鎮定我的視度
兩輛車急急相錯而過
兩條路便死在一個交點上
當冬日的陽光探視著滿園落葉
我亦被日曆牌上一個死了很久的日期審視
在昨天與明日的兩扇門向兩邊拉開之際
空闊裏沒有手臂不急於種種觸及
「現在」仍以它插花似的姿容去更換人們的激賞
而不斷的失落也加高了死亡之屋
以甬道的幽靜去接露台挨近鬧廳

以新娘盈目的滿足傾倒在教堂的紅氈上
你的聲音在第九日是聖瑪麗亞的眼睛
調度人們靠入的步式

五

穿過歷史的古堡與玄學的天橋
人是一隻迷失於荒林中的瘦鳥
沒有綠色來確認那是一棵樹
困於迷離的鏡房　終日受光與暗的絞刑
身體急轉　像浪聲在旋風中
片刻正對　便如在太陽反射的急潮上碑立
於靜與動的兩葉封殼之間
人是被釘在時間之書裏的死蝴蝶
禁黑暗的激流與整冬的蒼白於體內
使鏡房成爲光的墳地　色的死牢
此刻　你必須逃離那些交錯的投影
去賣掉整個工作的上午與下午
然後把頭埋在餐盤裏去認出你的神

而在那一剎間的迴響裏　另一隻手已觸及永恆的前額

六

如此盯望　鏡前的死亡貌似默想的田園
黑暗的方屋裏　終日被看不見的光看守
簾幕垂下　睫毛垂下
無際無涯　竟是一可觸及的溫婉之體
那種神秘常似光線首次穿過盲睛
遠景以建築的靜姿而立　以初遇的眼波流注
以不斷的迷住去使一顆心陷入永久的追隨
沒有事物會發生悸動　當潮水流過風季
當焚後的廢墟上　慰藉自閤掌間似鳥飛起
當航程進入第九日　吵鬧的故事退出海的背景
世界便沉靜如你的凝目
遠遠的連接住天國的走廊
在石階上　仰望走向莊穆
在紅氈上　腳步探入穩定

七

吊燈俯視靜廳　迴音無聲
喜動似遊步無意踢醒古蹟裏的飛雀
那些影射常透過鏡面方被驚視
在湖裏撈塔姿　在光中捕日影
滑過藍色的音波　那條河背離水聲而去
收割季前後　希望與果物同是一支火柴燃熄的過程
許多焦慮的頭低垂在時間的斷柱上
一種刀尖也達不到的劇痛常起自不見血的損傷
當日子流失如孩子們眼中的斷箏
　一個病患者的雙手分別去抓住藥物與棺木
　一個囚犯目送另一個囚犯釋放出去
那些默喊　便厚重如整個童年的憶念
　被一個陷入漩渦中的手勢托住
而「最後」它總是序幕般徐徐落下

八

當綠色自樹頂跌碎　春天是一輛失速的滑車
在靜止的淵底　只有落葉是聲音

在眉端髮際　季節帶著驚慌的臉逃亡
禁一個狩獵季在冬霧打濕的窗內
讓一種走動在鋸齒間探出血的屬性
讓一條河看到自己流不出去的樣子
歲月深處腸胃仍走成那條路
走成那從未更變過的方向
探首車外　流失的距離似紡線捲入遠景
汽笛就這樣棄一條飄巾在站上
讓回頭人在燈下窺見日子華麗的剪裁與縫合
沒有誰不是雲　在雲底追隨飄姿　追隨靜止
爬塔人已逐漸感到頂點倒置的冷意
下樓之後　那扇門便等著你出去

九

我的島　終日被無聲的浪浮彫
以沒有語文的原始的深情與山的默想
在明媚的無風季　航程睡在捲髮似的摺帆裏
我的遙望是遠海裏的海　天外的天

一放目　被看過的都不回首
驅萬里車在無路的路上　輪轍埋於雪
雙手被蒼茫攔回胸前如教堂的門閣上
我的島便靜渡安息日　閒如收割季過後的莊園
在那面鏡中　再看不見一城喧鬧　一市燈影
星月都己跑累　誰的腳能是那輪日
天地線是永久永久的啞盲了
當晚霞的流光　流不回午前的東方
我的眼睛便昏暗在最後的橫木上
聽車音走近　車音去遠　車音去遠

這首長詩是羅門在民國五十三年出版的，他曾說過：「第九日的底流詩集出版時，我對詩的創作，才開始自熱愛轉變爲對其存在價值與意義的根本認知。」他的這首長詩，就如巴黎的鐵塔一般，自地面聳入雲宵，伸入那神祕的空間，其風貌就如鐵塔的幾何造型富於力學的結構，和冷凝的美感，並且進入默思的心靈，引起那無限深遠的感知。詩人意欲在此建立人類心靈的交融，以知性的筆調去觸及貝多芬那巨大的音樂，那是富於力感的，以及接近於宗教般對於人類善良世界大同的膜拜，這首詩的意象，有如巴黎鐵塔上的灰色天空中，隱隱約約的閃現亮光，這是人類的心靈和神的交談，我們進入其中，如走進永恆，故詩人寫出如下的句子：「純淨的時間仍被鐘錶的雙手揑住」，而詩人崇拜藝術，就好像虔誠的崇拜著神一般：「窗門似聖經的封面開著，在你形如教堂的第九號屋裏」，在第「二」章裏的旋律，就如貝多芬的交響樂一般，以如歌似的聲音：「日子以三月的晴空呼喚，陽光穿過格子窗響起和音，凝目定位入明朗的遠景，寧靜是一種聽得見的迴音，整座藍天坐在教堂的尖頂上」，這些聲音能洗淨我們的靈魂，所以詩人說：「痛苦便在你纏繞的綳帶下靜息」，而世上的紛爭和不安在藝術的國度裏已經化戾氣爲祥和了：「掛在壁上的鐵環獵槍與枴杖，都齊以協和的神色參加合唱，都一同走進那深深的注視。」藝術的醇美，如酒般令人醉倒，所以詩人說：「以新娘盈目的滿足傾倒在教堂的紅氈上，你的聲音在第九日是聖瑪麗亞的眼睛，調度人們靠入的步式。」由於對於時間的敏銳感覺，在永恆和短暫之間，詩人以神秘的意象之美，寫出了如下的句子：「於靜與動的兩葉封殼之間，人是被釘在時間之書裏的死蝴蝶。」詩人的詩句乃是配合著第九交響樂的旋律而作著同樣的呼吸，當許多樂器交響以後，遂慢慢奏出靈魂上昇的牧歌：「當航程進入第九日，吵鬧的故事退出海的背景，世界便沉靜如你的凝目，遠遠地連接住天國的走廊。」，而最後一章的句子：「星月都已跑累，誰的腳能是那輪日，天地線是永久永久的啞盲了，當晚霞的流光，流不回午前的東方，我的眼睛便昏暗在最後的橫木上，聽車音走近，車音去遠，車音去遠」，這種描寫，給出一種意境，那晚霞，那遠去的地平線，構成寂靜的風景，而最後的聽車音走近，車音去遠，車音去遠」，更在寂靜中叩出音響，並逐漸消失於遠方。第九日的底流之長詩，風格雄渾，氣勢龐大，它和「麥堅利堡」以及「死亡之塔」等詩，都是羅門的詩作裏，典型的富於陽剛美的代表，它們富於悲壯的美感，意象繁複而晶瑩，如夜空裏閃爍的群星，富於幻想和幾何的結構，詩人在這些詩中，不斷的探索生與死的問題，所以在「死亡之塔」裏透過了詩人之眼，他發出了如此的睿智：「生命最大的迴聲，是碰上死亡才響的。」羅門的詩除了陽剛美之外，也有他抒情的一面，如他的「迴旋的燈屋」：

迴旋的燈屋

芭蕾鞋尖將眼睛轉成那樣子
妳在迴旋的光中也就是那樣子
誰能在沒入渦流之後
　仍顧及兩岸的驚目
　　除了迴旋
　　除了層層的埋入
妳埋入我
我埋入妳

究竟這隻沉船該屬於那一種海底
　　這隻弦琴將敏感成那一種夜
只要一滴泉音便可驚動整座山
　一線風能癢及整個樹林
想及花景　妳已旋成春日
踩住太陽　妳已在降雪的峯頂
若火在冰層裏走成水聲
那條河被曠野拉了過去
妳我便是那隻鳥的雙翼
而所有的窗也都飛成鳥　響成洞簫
因爲妳已被望被聽得那麼遠、

當眾燈迴旋妳成繽紛
　千聲迴旋妳成靜默
那個步響　便一直沿著妳目之螺旋梯
　　　　迴旋而上
要那個世界有多高就有多高

這是一首富於韻律美的抒情詩，從首句「芭蕾鞋尖將眼睛轉成那樣子」到「究竟這隻沉船該屬於那一種海底」，以舞蹈的姿勢逐漸下降至底層的感覺，不論在形式的排列上，或是意象上，或是音韻上，都有著下降的感覺，而末段「那個步響便一直沿著妳目之螺旋梯」到「要那個世界有多高就有多高」，則讓人有著逐漸昇高至天空的感覺。又信手拈來的句子：「而所有的窗也都飛成鳥，響成洞簫」，那種悠遠的簫聲和窗的靜止，鳥的飛翔，構成的意境不是很美嗎？又如「只要一滴泉音便可驚動整座山」，形容靜止的感覺，眞是意象鮮明。

三 藝術的評價

羅門以藝術家的心靈，創造了藝術國度裏的「第三自然」，他在國際詩壇和中國詩壇的榮譽，應可稱爲一位桂冠詩人。但是，詩人認爲創作生命才是主要的建築物，而獎和榮譽只是繞著那座建築物的周圍，成爲一些好看或不太好看的風景與花樹而已。所以羅門的詩，是能邀我們去共渡那精神上的歡宴，進入生命的本體，他的詩作，有如透明的「精神晶體」，在夜的長空上，不斷的照耀著人類疲憊的心靈。

山水詩刊一九七八年六月十五日

■呂錦堂：「心臟」詩社詩人，畫家、兼寫詩評與畫評。

論詩的境界

周伯乃

「境界」一詞，是我國歷來的批評家，爲了界定文學作品或藝術作品之價值的一個重要術語。但「境界」一語的本身，卻是非常曖昧而抽象的，它不像物理學上的名詞，那樣具有確切意義，或賦予具象性。它是隨著創作者和欣賞者共同架構起的一座屬於無限空間和無限時間性的塔，這座塔將恆久地屹立在人類的感知的世界。而所謂「感知」的世界，一則是屬於靈性的觸覺，一則是屬於知性的直覺。屬於靈性的觸覺，是一種感；屬於知性的直覺，是一種知。有人說：「詩的境界是用『直覺』見出來的，它是『直覺的知』的內容而不是『名理的知』的內容。」這裏所謂的「直覺」（Intuition）是含有「見」而後「覺」的意義。在哲學上「直覺」一詞常常被視爲「直觀」同義。是指直接的領會，或知覺、判斷、認識等。換句話說，就是凡不經過推理與經驗之間接手續，而能成立者即是。英文裏的Intuition原出自拉丁文的Intucor一語，是指直接認取的當前的事物，而與抽象的再現的知識，或由比量而得的知識之相對而言。

從直覺的用法而分，它所涉及的範圍甚廣，這不是本文所能概括的。譬如感性的知覺，是用以有別於概念的思考，而客觀的知覺，是用以有別於主觀的感覺。還有對現在事物的知覺，是用以別於再現的想像及產生的想像等等。另外還有「自我意識」，這是有別於外界事物的知覺，而專指內界之知覺的直覺。在美學上、神學上、道德學上都各有不同的釋義。在美學上認爲直覺是對於個別事物的認知。如藝術家之洞察美的價值，或鑑賞者之美的冥想，都是對美的一種直接認識。在神學上，對直覺的解釋，似乎較爲玄想，他們認爲人間可以直接與神靈交往，甚至神人可以合一，而神人交往或合一的那一刹間的心理狀態，就是直覺。至於道德的直覺，是指人間可離卻經驗，而直接領會道德的原理或悟及各個行爲之道德的性質。不過道德的直覺能否成立，至今尙爲直覺派與經驗派爭論不休。而康德亦嘗試經驗的直覺與純粹的直覺之別。前者是後天者，後者是先天的。他所謂的經驗的直覺，是指感性的知覺；而純粹的直覺，則指時間及空間。康德說：「苟欲獲物自身之積極的認識，必然人間具有知的直觀之能力。然而機械論之與目的論，可能之與現實，必然之與偶然，所由矛盾紛知不能融解者，以人間悟性中，缺乏此能力也。」康德和諸多哲學家一樣著重人類的悟性，人由悟性直接感受眞理，而不必轉手於推理、經驗等作用。

詩的境界，一則靠作者與讀者之間的共同架構起的「感知」作用，一則也靠作者的表現能力。而作者的表現能力之高低，是築就詩的境界之高低的最重要的一環。朱氏說：「詩的境界是理想境界，是從時間與空間中，執著一微點而加以永恆化與普遍化。它可以在無數心靈中繼續複現，雖複現而卻不落於陳腐，因爲它能夠在每個欣賞者的當時當境的特殊性格與情趣中吸取新鮮生命。詩的境界在刹那中見終古，在微塵中顯大千，在有限中寓無限。」一個偉大的詩人，他所創造的詩中的形象，是鮮活的、明朗的。它能帶給人豐繁的聯想，「它是千變萬化的，它能使各種事物由大變小，由小變大；由動變靜，由靜變成動；由有變無，由無變有；由有生命的東西，變成無生命，將無生命的東西，付予生命。它是複雜而又單純，能發揮詩裏潛在的魅力。」

形象之塑造，全賴於詩人的高度表現技巧。詩內的形象鮮活與否，詩人的學養最爲重要。所謂戲法人人會變，各有巧妙不同。一個有才能的詩人，他不但能隨時創造新鮮的形象，而且能把形象神化，它能使讀者從各種角度去欣賞它、鑑別它。使它產生各種不同的情趣和意義，在龐大而複雜的宇宙中，不可能有絕對相同的兩粒沙子。在不同的情景中，詩人所創造的意境自然就有大小、高低、深淺。

這種境界已不是常人所能悟及的，必須具有詩人一樣的心境，始能感出，這已近於一種「崇高」。而這種崇高是始自詩人的長期的沉思和反省，所悟及的一種境界。

正如羅門在貝多芬的交響樂中感悟出，一種崇高的感覺、一種超然的境界，他始寫下了「螺旋形的死戀」。從這首詩的標題上看，作者就運用了現代詩的象徵的技巧。螺旋形在事象的比喻，他是寫唱片上的紋路一直是向內旋轉的，而在象徵的意義上，它是象徵著現代人向內旋轉的生命的動向。作者在詩前面有一段小註腳，他說：「詩標題用了『螺旋形』三個字，對於有些讀者應該在此說明一下。顯然的，螺旋形是代表一種向內旋轉的深入的動向——由於此詩是在音樂繚繞的『燈屋』裏寫成，從唱盤生產音樂時旋轉的情形以及精神隨著音樂向心靈深處旋轉的情形看來，都可聯想出一種至爲華麗且具生命感的『螺旋形』的形象，像建築那樣在我們的靈視中升起，使我們傾心且膜拜，同時螺旋形的東西在活動時更有著一種看不見底的奧秘，鑽進心裏去也比較牢——它象徵著一種特殊活動的精神傾向。」現在我們來看看他的詩：

門窗緊閉以堅然的拒絕
簾幕垂下完成那幽美的孤立
外面是消失在遠方的風
裏邊像波流涉及岸
全然絕緣後的觸及
是驟然在空氣中誕生的鐘之聲　電之光

這是詩人對「物化」的摒絕，而自囚於一個純粹靈性的世界。「門窗緊閉」這是一種具象形象，詩人企圖以具象的形象來隔絕現實的世界，然後把自己投入幽美的音樂的旋律中。「外面是消失在遠方的風」，這已暗示著外在的「物化」的世界已被那「堅然的拒絕」摒拒而且消失了，裏邊的世界是「波流涉及岸」的優美的旋律的世界，詩人在自築的音樂的孤境中救醒自己，在純粹的旋律中抓住自我的存有，在那個對外面完全絕緣的孤境中，詩人深深地感到生命是最充實的。因爲他已自覺到純粹自我的存有，他已感受到那「驟然在空氣中誕生的鐘之聲，電之光。」這裏，鐘之聲和電之光，都是一種形象，這個形象所構築的意境是崇高的，幽美的，讀者可以感覺到那優美的旋律所射出的外延力——如鐘鳴，如閃電。這給人一種快速而又壯闊的感覺。

這一塊剪裁得多麼華美的空間
養一林鳥聲　著滿天雲彩
在目之外　座標之外　門牌之外
被鑽石針劃著大理石與水晶的紋路
連耶穌的芒鞋也不知它通往那裏
透明似鏡　光潔似鏡
純粹得如手中來回摸弄之物
而呼不出其名

「這一塊剪裁得多麼華美的空間」，可能是指作者自己的客廳或書房，或者音樂間而言，「剪裁」是表示修飾或裝飾的意思，換句話說，就是詩人已完全沉醉他自己所裝飾的華美的「燈屋」裏。在這裏我想順便提示一點，可能對他這首詩了解有助。羅門夫婦租賃一層樓房在臺北市安東街的一條巷子裏，雖然不是市心，但也具有市心邊緣的那種吵雜與喧囂，所以作者一開始就以堅然的拒絕，把門窗緊閉，企圖把市聲摒拒在門外。而他的客廳和書房、臥室都是相連的，客廳和書房都佈置得非常典雅，滿屋都是燈光，而這些燈光，都是作者自己親手設計的，利用種種現代工業的廢料，但經他設計後，這些燈光都顯得非常優美而諧和。我曾經在一篇報導中說：「當我一跨進這座『燈屋』的時候，就發現一座貼滿了來自世界各國的賀卡的高高的燈塔，熠閃著逼人的光芒，它照耀著那一條長長的樓梯，樓梯的頂端是一排矮矮的木欄杆。推開木欄杆，給你的第一直覺，就是滿屋的耀眼的燈光，在燈光下陳列著滿屋的書籍，而最醒目的是兩幅巨大的莊喆的畫，給這個小小的而又佈置極其典雅的客廳帶來了濃厚的藝術氣氛。在充滿著藝術氣氛的客廳裏，有飄自遙遠的貝多芬式的強大的生命衝力，使人沉醉，使人覺出這一代的精神的覺醒。」由這一點對詩人的現實生活的瞭解，我們就較易推斷出他詩中所表現的生命力和精神境界。他說華美的空間，可能就是指他所生存那座現實的環境，「養一林鳥聲，著滿天雲彩」是寫音樂的旋律和優美的燈光所熠閃的光芒，這兩者揉和在一起，產生一種至美的境界。

「在目之外，座標之外，門牌之外，被鑽石針劃著大理石與水晶的紋路」，這是寫電唱機上的唱盤在旋轉，唱頭上的鑽石針劃著唱片的紋路在旋轉。這時，詩人已完全浸沒在優美的旋律中，他已進入忘我之境，「連耶穌的芒鞋也不知它通往那裏」了。「我便愛人般專情，順著旋律的螺旋梯，跌入那把握不住的彎形的傾向裏，直至心抓隱了那快活的死，我方醒來。」

這是詩人完全進入到一種超脫的境界。他把他的精神集中於一點，像對愛人般的專情，這不但展示了作者當時對音樂的傾注，同時也暗示了他對他妻子的愛。

像鳥目睡醒在一樹綠色裏
一幢別墅坐著夏目明麗的花園
讓那光輕輕地從葉縫裏灑下來
讓那景靜靜地進入視境
讓那聲無聲地在莫名谷裏迴響

這五句詩所構成的形象，是至美的，這一種化境，作者已完全自物質世界超昇進一個靈的境界。像這種境界正合乎了我國有一句抽象的成語說：「只可意會，不可言傳。」羅門這種造境，已不是具象世界，所能告示出的感覺，而是要靠讀者高度的靈的觸覺，用我們的靈的觸覺去感知「那光輕輕地從葉縫裏洒下來」的至美，用我們的靈的觸覺去感知「那景靜靜地進入視境」的華麗。用我們的靈的觸覺去感知那聲「無聲」地在莫名谷裏迴響。在這裏讀者也許會疑惑於那聲「無聲」的矛盾語，但我們能稍爲放棄一點直覺所感悟　的主觀意念(Idoa)，我們就不難感出那無聲的境界了。

「我已感知那相握　淚已滴響那靠岸的汽笛聲」這裏有幾種可能的象徵：一種是象徵作

者與貝多芬的心境的相握。一種是象徵作者的妻子遠赴菲律賓講學時，而兩人的心靈同時碰觸在彼此的思念裏。也許是作者從音樂的旋律中，想像到他妻子對他的愛與別離後的哀思。於是，善感的詩人，便自強烈的思念裏，將「探視的眼睛沿著紅氈已找到那顆鑽戒」，「紅氈」是詩人在婚禮中踩著的紅色地氈，「鑽戒」是他倆結婚時的定情物，象徵著愛情的牢固、堅貞。所以當作者的妻子遠赴菲島時，他第一個最強烈的意念，就是回憶起婚禮進行曲中的莊嚴與肅謐，但也充滿著無限的溫情與愛戀。

怎樣也流不盡葡萄園裏的甜蜜
怎樣也看不停噴水池裏的繽紛
怎樣也拾不完睡嬰醒時眼中的純朗
驚喜得如水鳥用翅尖採摘滿海浪花
滿足得如穀物金黃了入秋的莊園

詩人把整個的心境都浸沐在愛情回憶裏，像葡萄園裏的甜美，像噴水池裏的繽紛，像水鳥用翅尖採摘滿海的浪花。像秋收時的金黃的穀物的充實。這都是作者對愛情的頌歌，但作者在運用現代詩的語言上，已經由形象進入到造境的境界，它所給人的感愛，不是直覺的反應，而是要倚恃悟性。

當荷馬的七弦琴升起七個愛琴海
當音樂的流星雨放下閃目的珠簾
世界便裸於此　死心於此
　像含情的眼睛裸在睫毛的遮篷裏
　像綠蔭死於光與葉交纏的林中
多麼豪華的幽會　好端莊的風流
在上帝與凱撒都缺席的那次夜宴裏
我輝煌的神　以我的眼睛爲座椅
電唱頭不斷地啃著唱盤裏不死的年輪
一顆螺絲釘爲掛牢一幅畫在心壁上而鑽出聲來
一個漩渦爲扭斷鐘錶的雙槳而旋轉的不停
沉靜的光流自燈罩的斜坡上滑下
我的臉容是一塊仰首在忘懷河上的岩石
　透明似鏡　光潔似鏡
　　收容一林鳥聲　反映滿天雲彩

從這裏我們可以看出作者對詞彙的修飾工夫，已到了爐火純青的境界。我們看不出半點矯揉或做作之態，但又似經過一再修飾和剪嵌的感覺。作者所給出的詩中的形象，是多變的、豐繁的。它不是直呈或有所具象的指涉，而是一連串的意象的重疊，我們像仰首望見纍纍的成熟的菓實，急欲從枝頭上掙脫而垂地的感覺。「當音樂的流星雨放下閃目的珠簾，世界便裸於此，死心於此。」這是詩人完全醉心於音樂中的每一個音符的敲擊中。作者所以用「流星雨」這個形象，只是用造境的方式，將貝多芬所創造的急促的節奏展出。這個意境很神秘，給人一種幽玄矇矓的感覺，一如那「含情的眼睛裸在睫毛的遮篷裏」、「像綠蔭死心在光與葉交纏的林中」。

我前面已經說過，詩的境界有深淺與大小之別。羅門在這裏所創造的境界，就是深的境界，他所進出的世界，是一個夢幻般的境界，似有深不可測的感覺。「一顆螺絲釘爲掛牢一幅畫在心壁下而鑽出聲來。一個旋渦爲扭斷鐘錶的雙槳而旋轉的不停。」

作者對動詞的運用，似乎特別經過精心的設計，如「裸」、「死心」（原是副詞，被運用作動詞「啃」「掛牢」、「扭斷」等等），都是非常而且能給人一種新鮮活潑、確切而又矇矓的感覺。

划入桑塔耶那眼中的藍湖
燈入罩　臉罩紗　蔭影藏住光的重量
景物以乳般的光滑與柔和

適當我的視度
迴旋樂以千槳搖不醒我的醉舟
圓舞曲盪水波成圈　繞花朵成環
我便昏倒在那看不見圓也看不見弧的圓弧裏
如太陽睡在旋轉不停的星系中
再也看不清聖誕樹與火藥樹開的花
只感知在你常綠的銀華樹上
青鳥是隻很帥的風信雞

這一段仍然和前面的一樣，作者企圖以渾然的意象，造成朦朧的、神秘的美。「燈入罩，臉罩紗，陰影藏住光的重量」。在我國較前輩的詩論家，都主張詩有陽剛與陰柔之分，而現代詩也仍然存在著這兩種分類法。就以羅門的詩來說，他的「麥堅利堡」、「都市之死」，就是屬於陽剛型的，而「螺旋形的死戀」就是屬於陰柔型的。陽剛的詩給人壯闊、雄渾之感；陰柔的詩，給人秀美幽雅感覺。羅門這首「螺旋形的死戀」一直是給人幽美、飄逸的感覺，像乳般的光滑和柔和。它使人有搖不醒的醉舟的感覺。

「仰望已成塔　眺望已成坡」是象徵著詩人對他遠離了的妻子的思念與愛戀。「在這一塊較眞空還純然無礙的空間裏，連空氣都死去。眼睛也隱入那深深的凝視。」這已說詩人的情感的專一，以及心境的寂寞，他把視線凝於一永恆的點，這個點就是他對藝術的專一，對愛情的專一。

永恆這刻不需陪襯　它不是燭臺銅與三合土
也不是造在血流上朽或不朽的虹橋
它只是一種旋進去的沒有攔阻的方向
一種屬於小提琴與鋼琴的道路
一種站在煙灰上的無限守望
一種睡中的全醒
一種等於上帝又甚於上帝的存在
透明似鏡　光潔似鏡
璀璨得如禮拜堂四壁的彩窗

作者以九個整句詩的長度，來形容「永恆」這一個抽象的意念。然而，「永恆」到底意味著什麼呢，沒有人能給予完滿的答案。任何一個詩人或其他藝術家都企圖自己的作品能夠永恆。而這裏的永恆，可能是指作者對愛情的永恆，也可能是他對自我的內在精神世界，所探索的藝術的價值的永恆。所以他說：「它不是燭臺銅與三合土」，「也不是造在血流上朽或不朽的虹橋，它只是一種旋進去的沒有欄阻的方向，一種屬於小提琴與鋼琴的道路，一種站在煙灰上的無限守望，一種睡中的全醒……」旋進去的沒有攔阻的方向，一則意味著電唱頭的鑽石針沿著唱片的紋路向內旋轉，一則也象徵著人類的精神世界，愈向裏探索，愈發現它的無限。小提琴與鋼琴的道路是指貝多芬的交響樂中的旋律。站在煙灰上，一則是指作者抽煙的行爲，從他妻子走後，企圖自春煙中摒拒寂寞，摒拒煩悶，這是有形的外在行爲，而事實上，作者的原意還可能意味著更多的含義。

「一種等於上帝又甚於上帝的存在」，這是詩人建築在靈視中的超昇，一種根本不可能存在，而又似存在的靈性的境界。「透明似鏡，光潔似鏡，璀璨得如禮拜堂四壁的彩窗。」於是，詩人「便像信徒般的專誠，緊緊地抓住另一隻十字架，去溺死在桑塔耶那的藍湖裏，潛入那個沒有什麼眞的會死去的螺旋形的世界。」

「銀華樹在那裏常綠，青鳥是隻很帥的風信雞。」青鳥是幸福的象徵，而蓉子曾經出過一本詩集叫「青鳥集」，所以詩中的「青鳥」一則指詩人夫婦的幸福，一則也是頌歌她的詩集「青鳥集」而言。

羅門在這首詩中，所要展示的是人類向內旋轉的世界，愈往裏轉，愈能感覺出它的偉大與奧秘。而同時也表現了詩人的愛情的高超與崇美。從整首詩來看，他所創造的境界，是屬於形而上的精神境界。他表現了一種崇高的愛和幽美的情愫，這是詩人所要創造的永恆的生命。

一首詩的境界之有無，取決於詩人對意象的創造與把握，但境界有大小、高低、深淺之分，甚至於有我之境與無我之境，而這些都必須倚賴於詩人的學養與天資，因爲境界是一首詩的綜合表現，它不能抽取任一點，而使詩質存在。

「自由青年」一九七一年

■周伯乃：詩人、詩評家、文藝副刊主編。